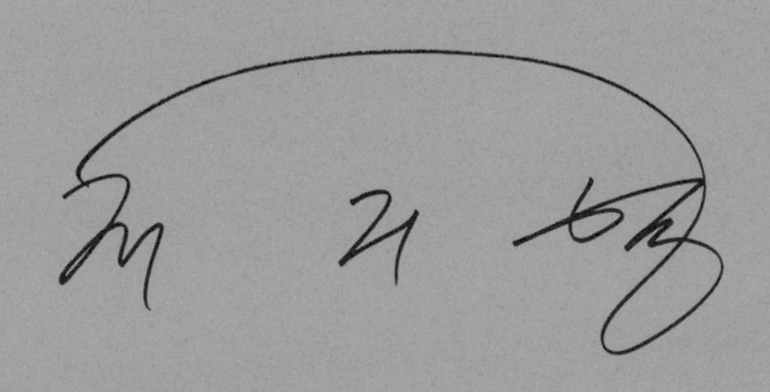

저의 가장 큰 소망은

여러분이 부자가 되는 것입니다.

비트코인
슈퍼 사이클

"코앞에 다가온 역사적 기회, 이제 머뭇거릴 여유가 없다!"

거인의 정원

차례

CHAPTER 3

인생을 바꿀 거대한 기회가 온다! 4차 반감기

CHAPTER 4

준비하라! 비트코인 슈퍼 사이클

CHAPTER

5 더 강력한 슈퍼 사이클을 만들 기폭제들

CHAPTER

6 반감기를 활용한 비트코인 투자 전략

CHAPTER 7

놓치면 크게 후회할 4차 반감기 실전 투자법

CHAPTER 8

변하지 않는 비트코인의 절대가치

시작하며

경제적 자유로 가는 길

나는 사람들이 돈을 많이 벌기를 원한다. 충분한 만큼 돈을 벌어서, 원하지 않는 일을 억지로 하는 것을 관두길 바란다. 하고 싶은 일을, 하고 싶은 때, 하고 싶은 장소에서, 하고 싶은 사람과 함께 하면서 매일 행복하길 바란다. 나는 지금 그런 삶을 살고 있다. 그리고 어떻게 하면 이런 삶을 살 수 있는지 다른 사람들에게 알려주는 일을 하고 있다.

이 책의 목적은 사람들에게 돈을 많이 버는 방법을 알려주는 것이다. 나는 결코 비트코인이나 블록체인과 관련된 기술적이고 이론적인 얘기를 늘어놓으며, 블록체인이 얼마나 혁신적인 기술이고 비트코인이 왜 좋은지 따위를 설명하려고 이 책을 쓰지 않았다. 물론 비트코인에 투자하기 위해 필수적으로 알아야 할 상식과 올바른 투자를 하는 데 필요한 지식도 소개하기는 할 것이다. 하지만 이것은 어디까지나 수단일 뿐이지 목적이 아니다. 이 책의 목적은 처음부터 끝까지 사람들로 하여금 투자를 통해 더 많은 돈을 벌게 하는 것이다. 그리고 그 과정에서 발생할 여지가 있는 여러 가지 리스크를 헤지 하고 손실 가능성은 최소화하는 한편, 이익 가능성은 최대화하는 것이다. 한마디로 이 책은 투자서이자 실용서이지, 공부 그 자체를 위한 이론서가 아니다.

또한 나는 암호화폐와 비트코인의 열성적인 투자자다. 자산의 절반 이상을 암호화폐에 투자하고 있으니 말이다. 만약 미래에 비트코인이 잘못되기라도 한다면 가장 손해 보는 사람도 나일 것이다. 적어도 이 책을 읽는 99%의 독자보다는 내가 더 크게 손해를 볼 것이 확실하다. 그러니 "만약 이 책을 쓴 사람의 말이 틀렸다면 이 사람이 가장 크게 망할 테니 다행이네"라며 안심해도 좋다.

투자할 때 사람들은 흔히 '로우 리스크 - 로우 리턴', '하이 리스크 - 하이 리턴'이라고 생각한다. 이 생각은 일견 맞는 듯 보인다. 하지만 실제로 사람들이 투자하는 것을 보면 '하이 리스크 - 로우 리턴'이 대부분이다. 95%의 일반 투자자들이 돈을 벌지 못하는 이유가 바로 이것이다. 그럼 어떤 투자자가 돈을 벌까? '하이 리스크 - 하이 리턴'을 추구하는 투자자? 그런 식으로 투자했다가는 잘될 때야 큰돈을 벌 수 있겠지만, 단 한 번의 위기로 모든 것을 잃을 수도 있다. 반대로 '로우 리스크 - 로우 리턴'을 추구한다면 언제나 안정적인 상태를 유지할 뿐 돈은 별로 벌지 못할 것이다.

그렇다면 답은 나왔다. 가장 이상적인 투자방법은 '로우 리스크 - 하이 리턴'이다. 더 낮은 위험도로 더 높은 수익률을 추구해야 한다. 이것이 과연 가능할까? 가능하다. 다음 세 가지 조건을 갖추면 된다.

첫째, 투자하는 자산을 충분히 공부한 상태이고 믿음이 있어야 한다.
둘째, 자산을 관리하는 방법과 투자의 기술을 갖추고, 실천할 수 있어야 한다.
셋째, 거시 경제 상황과 개별 자산의 잠재 가능성이 폭발하는 시기가 맞물리는 최적의 타이밍을 잡아야 한다.

이 세 가지 조건을 완벽하게 갖췄을 때, 위험은 낮고 보상은 큰 최고의 기회를 손에 쥘 수 있다. 그리고 당연하게도 그런 기회는 쉽게 만날 수 없다. 워런 버핏의 단짝이자 평생의 동업자인 찰리 멍거는 다음과 같이 말했다.

> "도박에서 끝까지 이기는 사람들에게는 한 가지 공통점이 있다. 그것은 어지간해선 베팅하지 않는다는 것이다. 간혹 승산이 아주 높은 기회를 발견할 때가 있는데, 그들은 바로 이때 과감하게 베팅한다."

어쩌다가 운 좋게 만날 수 있는 큰 기회를 놓치지 않는 주의력 그리고 그런 기회가 왔을 때 과감하게 베팅할 수 있는 배포. 이것이 끝까지 돈을 버는 투자자들의 공통점이다. 그런 때를 노려 용기 있게 투자한다면 위험은 낮고 보상은 큰 '로우 리스크 – 하이 리턴'이 가능하다. 그러나 대부분의 사람들은 그런 기회를 포착할 능력도 없고, 설사 포착했다 하더라도 투자하지 못한다. 왜냐하면 그런 기회는 일반적으로 가격이 심하게 왜곡되었을 때 찾아오기 때문이다. 가격이 심하게 왜곡되었다는 뜻은 자산의 본래 가치 대비 현재 가격이 크게 낮아진 것을 말한다. 그런데 이런 상황에서 사람들은 투자를 하기는커녕 오히려 가지고 있던 자산조차 팔아 버린다. 반대로 가격에 거품이 심하게 끼어 광기에 가까워지는 순간에 비로소 관심을 가지고 달려든다. 그러고는 끝내 폭탄 돌리기의 마지막 희생자가 되고야 만다. 안타깝지만 이게 평범한 사람들의 현실이다.

나는 지금부터 이 책을 통해 당신이 미처 발견하지 못한 '로우 리스크 – 하이 리턴'의 큰 기회가 다가오고 있음을 알려주려고 한다. 이 기회를 어떻게 현명하게 붙잡을 수 있는지, 어떻게 하면 위험은 더 줄이고 수익가능성은 극대화할 수 있는지 그 방법을 가르쳐줄 것이다.

이 책은 나의 두 번째 책이다. 전작인 《돈의 규칙》에서도 밝혔듯 나 역시 수년 전만 하더라도 회사에 다니며 월급을 받던 평범한 직장인이었다. 지금은 10년이 넘는 기간 동안 투자하면서 얻은 지식과 경험을 토대로 삼아 완전히 다른 삶을 살고 있다. 충분한 수입과 자산을 일궈 퇴사한 이후 좋아하는 일만 하며 직장인일 때 늘 꿈꾸던 삶, 정확히 그런 삶을 살고 있다. 첫 번째 책을 낸 지 1년이 채 지나지 않았지만 수입은 몇 배로 늘었고, 삶의 밀도 또한 비교할 수 없을 만큼 충실해졌다. 더 많은 사람들에게 부자가 되는 방법을 알려줄 수 있어서 매일이 행복하다. 최대한 많은 사람들에게 더 많은 돈을 버는 방법을 알려주고 싶은 나의 욕구를 채우기에는 한참 모자라지만, 이제 돈을 보고 일하는 것이 아니라 목표를 추구하며 일할 수 있기에 나는 스스로 경제적 자유를 이뤘다고 생각한다.

당신도 경제적 자유를 원하는가? 당신이 생각하는 경제적 자유는 무엇인가? 돈이 너무 많아서 아무것도 하지 않으면서 놀고먹을 수 있는 삶? 나는 이것을 경제적 자유라고 생각하지 않는다. 원하지 않는 일을 그만둘 만큼 충분한 수입과 자산이 있어서, 내적 욕구를 충족시킬 원대한 미션을 향해 원하는 방향으로 하루하루를 꾸려나갈 수 있는 삶. 나는 이것이야말로 진정한 경제적 자유라고 생각한다. 그런 삶을 원하는가? 그렇다면 번지수를 제대로 찾았다.

지금 우리 눈앞에 자신이 원하는 삶을 살 수 있는 기회가 다가오고 있다. 그리 오랜 시간을 기다릴 필요는 없다. 운이 정말 좋다면, 2년 안에도 그렇게 될 수 있다. 한번 상상해 보기 바란다. 매일 아침 가기 싫은 회사에 가야 한다는 중압감과 함께 피곤에 찌든 눈을 억지로 뜨는 삶이 아니라, 오늘 하루를 좋아하는 일만 하며 온전히 보낼 수 있다는 생각에 가슴 설레며 눈 뜨는 삶을.

돈을 많이 벌기를 원한다면 우선 자신이 그렇게 할 수 있다는 사실을 믿어야 한다. 만약 당신이 지금 이 글을 읽으며 왠지 돈을 많이 벌 수 있을 것 같다고 생각한다면, 당신은 꿈꾸던 삶으로 가는 길로 절반은 들어선 것이나 다름없다. 남은 절반은 이 책을 마저 읽고 그 길을 직접 걸어가 보는 것으로 완성될 것이다. 더 이상 망설일 시간이 없다. 이제껏 얼마나 많은 시간을 망설이며 꿈속에서 살듯 헛되이 보내왔던가? 앞으로도 그렇게 시간을 헛되이 흘려보내며, 꾸역꾸역 억지로 눈 뜨는 아침을 맞이하고 싶지 않다면 바로 지금 결심하기 바란다. 그리고 믿기 바란다. 당신도 원하는 삶을 살 수 있다는 사실을.

2024년 1월, 신민철

CHAPTER1

비트코인 슈퍼 사이클

슈퍼 사이클(Super cycle): 경제학 용어로, 일반적인 비즈니스 사이클보다 더 크게 성장하며 순환하는 기간이 오랫동안 지속되는 것을 뜻한다.
슈퍼 사이클은 일반적으로 다음과 같은 요인에 의해 발생한다.

1) 수요 충격: 기술의 발전, 신규 시장의 성장, 경제 성장 등으로 인해 수요가 증가하며 가격 상승을 유도
2) 공급 충격: 자원의 희소성, 생산 능력의 한계, 경제 상황 등이 공급을 제한하며 가격 상승을 유도
3) 산업구조의 전환: 인터넷의 등장, 스마트폰의 보급, AI의 발전 등 산업 지도 자체를 바꿀 만한 파급력 있는 상황이 발생하는 경우

2024년 그리고 2025년, 비트코인에 슈퍼 사이클이 도래한다!

01

비트코인 역사에 숨은 엄청난 비밀

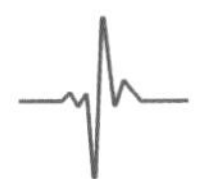

놀랍게도 닮은 비트코인 뉴스들

2021년 11월 최고 69,000달러까지 상승했던 비트코인 가격이 불과 1년 만인 2022년 11월 15,000달러까지 떨어졌다. 무려 78%나 하락한 것이다. 많은 매체가 비트코인의 끝없는 추락을 보도했고, SNS에서도 수많은 사람들이 비트코인의 종식을 이야기했다. 17세기 네덜란드에서 일어난 튤립버블이 비트코인에서 재현되었다는 말이 퍼져나갔다. 그도 그럴 것이 2020년 3월 4,000달러에 불과했던 비트코인 가격이 2년도 안 되는 짧은 기간에 17배 넘게 상승했기 때문이다. 폭풍처럼 상승했다가 폭풍처럼 하락했으니, 광기였고 거품이었다는 말이 나올 법도 했다.

그런데 신기한 것은 2022년에 일어난 것과 똑같은 전개가 4년 전에도 그대로 펼쳐졌다는 사실이다. 정확히 4년 전인 2017년 12월 비트코인 가격은 1년 전보다 무려 20배가 넘게 상승했고, 마찬가지로 이후 1년 동안 80% 가까이 폭락했다. 언론에선 비트코인의 거품이 드디어 터졌으며 완전히 끝났다는 뉴스를 매일 쏟아냈고, 인터넷은 비트코인에 투자한 사람들을 조롱하는 말로 도배되었다. 더 신기한 것은 완전히 같은 일들이 그 4년 전인 2014년에도 일어났다는 사실이다. 당시 비트코인 시장은 제대로 확립되지 않은 초창기라 얼리 어댑터들의 전유

■ **과거 비트코인 사이클 당시 가격 최저점부터 최고점까지 역사**

비트코인 가격은 2013년에는 가장 낮은 이전 가격 대비 500배 넘게 상승했고, 2017년에는 100배 넘게 상승했으며, 2021년에는 20배 넘게 상승했다. 그리고 세 경우 모두 이후 약 1년 동안 80% 가까이 폭락했다.

출처: ecoinometrics.com.

물이었고, 대부분의 사람들에게 이름이나 한번 들어봤을까 말까 한 존재에 불과했기 때문에 크게 화제가 되지는 못했다. 하지만 비트코인을 이미 알고 투자하던 극소수의 얼리 어댑터들에게는 2021~2022년과 2017~2018년에 벌어졌던 일들이 2013~2014년에도 똑같이 벌어졌다.

이쯤 되면 궁금해지지 않는가? 왜 비트코인은 폭등했다가 폭락하는 역사를 반복하는 것일까? 그리고 그런 일이 왜 하필 4년마다 반복해서 벌어지는 것일까? 왜 매번 튤립버블처럼 광기에 휩싸여 올랐다가 떨어지는 일이 벌어지는 것일까? 그리고 대체 어째서 죽지 않고 다시 살아나는 것일까? 나는 10년 넘게 투자의 세계에 몸담아온 투자자로서 이 비밀 속에 엄청난 투자의 기회가 숨어 있다는 사실을 본능적으로 깨달았다. 그리고 상당히 오랜 시간을 들여 이 비밀을 깊게 파내려갔다. 그 비밀은 예상대로 흥미진진함 그 자체였다. 파내려가면 갈수록 놀랍고 흥미로운 비밀들이 숨어 있었다. 이 비밀들의 속사정을 하나씩 밝혀낼 때마다 엄청난 투자의 기회를 발견할 수 있었고, 그때마다 찾아오는 희열은 나로 하여금 더 깊이 파내려가게 만들었다.

우연도 세 번 반복되면 필연이라고 했다. 비트코인은 똑같은 역사를 이미 세 번이나 반복했다. 그렇다. 비트코인이 4년마다 뜨고 지는 것은 결코 우연이 아니다. 여기에는 비밀이 숨어 있다. 너무나 명확하고 심플해서, 알고 나면 흥분되어 잠을 설칠 정도로 엄청난 비밀이 말이다. 이 책은 바로 그 비밀을 알려주기 위해 쓴 책이다.

마음을 열어야 기회가 보인다

만약 2년이라는 짧은 기간에 큰돈을 벌 수도 있는 투자 기회를 발견했다면 어떻게 하겠는가? 2년 만에 경제적 자유를 꿈꿀 수도 있을 정도로 큰 기회라면? 인생을 살면서 그런 기회는 좀처럼 만나기 어렵다. 하지만 지금까지 그런 기회가 아예 없었던 건 아니다. 과거를 살펴보면 그런 기회는 의외로 많이 있었다. 단지 내가 발견하지 못하고 놓쳤기 때문에 잡지 못했을 뿐이다. 늘 남들이 이미 다 털어가고 빈 껍데기만 남은 기회의 현장에 뒤늦게 소문을 듣고 달려가 헛물만 켜지 않았던가?

많은 사람들이 2023년 한국의 에코프로가 9개월 만에 15배 상승하는 동안, 2020년 미국의 테슬라가 1년 만에 8배 상승하는 동안, 그 기회를 잡지 못한 것을 아쉬워했다. 하지만 아쉬워하기엔 아직 이르다. 바로 비트코인이라는 기회가 남아 있기 때문이다. 비트코인은 1~2년 동안 수십 배에서 수백 배에 이르는 가격 상승을 4년마다 겪어왔다. 과거의 역사에서 확인할 수 있듯, 비트코인 가격은 보통 오르기 시작하면 1~2년이라는 짧은 기간에 폭발적으로 상승해서 최고점을 찍는다. 이게 무슨 뜻일까? 단 2년이라는 짧은 기간에 수배에서 수십 배에 이르는 엄청난 수익을 얻을 기회가 찾아올 수 있다는 뜻이다.

물론 이런 기회가 아무에게나 허락되는 것은 아니다. 마음과 머리가 열려 있는 사람들, 삶에 호기심과 관심을 가지고 활력 있게 살아가는 사람들에게만 허락된다. 대부분의 사람들은 기회가 기회로서 존재할 때는 관심이 없다가, 가격이 폭등해서 이미 기회가 아니게 되었을 때에야 비로소 관심을 갖고 뒤늦게 달려든다. 물론 그때는 이미 기회의 창이 다 닫혀버린 이후다. 당신은 어떤가? 열린 마음을 가지고 있는가? 호기심과 관심을 유지하며 비밀을 공부할 준비가 되어 있는가?

과거 비트코인의 가격이 수십 배 폭등했을 때도 그 사이사이에는 많은 역경이 도사리고 있었다. 2019년 본격적으로 상승하기 이전에 비트코인 가격은 수개월 만에 4배가 올랐었다. 하지만 이후 시들시들하다가 2020년 코로나19로 인해 시장이 폭락하며 다시 원점으로 되돌아왔다. 하지만 이후 미국의 양적완화와 함께 폭등해 20개월 만에 17배가

■ 3차 반감기 사이클 당시 비트코인 가격 변화

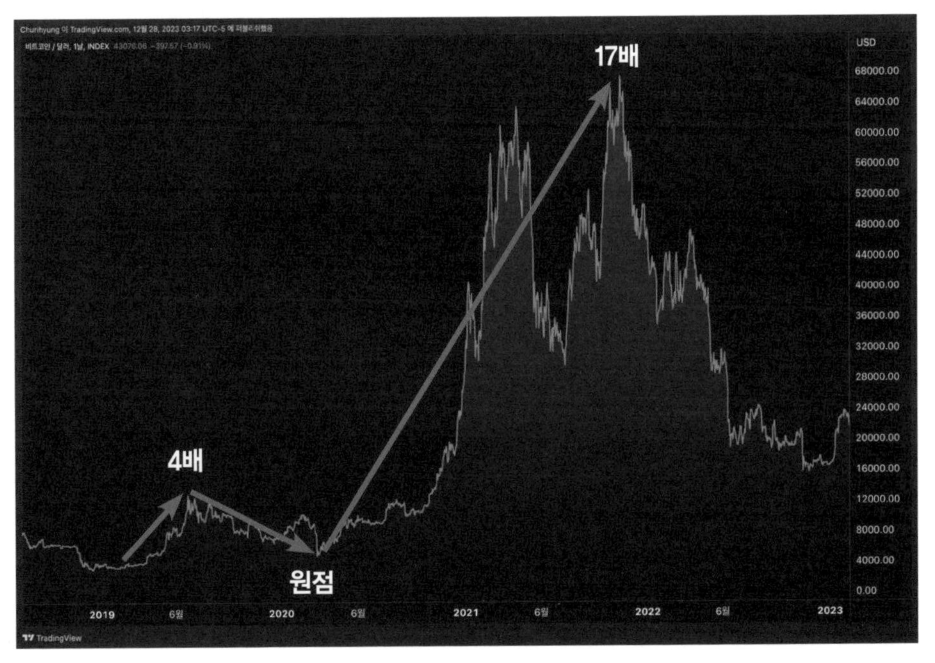

출처: webull.

올랐다. 만약 당신이 이 시기로 돌아간다면 과연 17배의 수익을 얻을 수 있었을까? 아마 대부분은 그렇지 못했을 것이다. 실제로도 그랬다. 비트코인 가격이 하락할 때 공포에 팔고 도망쳐 나왔다가 이후 폭등하는 것을 보면서 땅을 치고 후회한 사람들이 부지기수다.

기회라는 것은 문자 그대로 가능성을 뜻한다. 조건 없이 주어지는 절대적인 보상이 아니다. 지금부터 내가 설명할 비트코인의 비밀도 어디까지나 기회이지 절대적인 것을 의미하지는 않는다. 하지만 기회에도 종류가 있다. 삼성전자에 투자하면서 2년 안에 수 배에서 수십 배가 오를 것으로 기대하지는 않을 것이다. 높은 확률과 높은 수익 가능성을 가진 기회는 흔히 만날 수 있는 것이 아니다. 살면서 어쩌면 평생 단 몇 번밖에 만나지 못할 가능성도 있다. 안타깝게도 그런 기회가 눈앞에 놓여 있을 때조차 많은 사람이 그냥 지나치고 만다.

당신은 그런 부류에 속하지 않기를 바란다. 짧은 기간에 적어도 수 배, 개인의 역량에 따라서는 최대 십수 배의 수익을 거두어 인생을 바꿀 수 있는 엄청난 기회가 다가오고 있다. 이 기회는 비트코인에 숨은 비밀을 아는 사람만이 붙잡을 수 있다. 그리고 이 책을 집어 든 당신은 그런 행운아 중 한 명이다. 신에게 감사해도 좋다. 이 기회를 그냥 흘려보내지 않기를 간절히 바란다.

02

비트코인 반감기가 대체 뭔데?

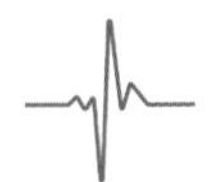

2,100만 개로 수가 한정된 비트코인

비트코인에 숨은 이 비밀을 알기 위해서는 우선 비트코인의 반감기에 대해 알아야 할 필요가 있다. 반감기? 말만 들어도 어렵다. 반감기를 이해하려면, 비트코인의 기본 구조에 대해 프로그래밍과 관련한 지식이 약간 필요하다. 하지만 이 책은 투자자를 위한 책이지 프로그래머를 위한 책이 아니다. 독자들도 투자 정보를 얻으려고 이 책을 보는 것이지 프로그래밍을 배우기 위해 보는 것은 아닐 것이다. 그러니 최대한 쉽고 짧게 설명하겠다.

비트코인 채굴이란 쉽게 말해 '컴퓨터로 복잡한 수학 문제를 푸는 작업'이다. 이 문제들은 대단히 어렵기 때문에, 고성능 컴퓨터로도 많은 시간과 노력을 들여야 한다. 이 과정에서 컴퓨터는 비트코인 거래가 올바르게 이루어졌는지 확인한다. 예를 들어 누군가가 비트코인을 다른 사람에게 보낼 때, 컴퓨터는 이 거래가 진짜인지 그리고 그 사람이 정말로 그 비트코인을 가지고 있는지 확인하며, 이렇게 확인한 거래들을 '블록'이라는 거래 내역에 추가한다.

블록? 그렇다. 우리가 비트코인을 블록체인이라 부를 때의 그 블록이다. 그렇다면 이제 '블록체인'에 대해 간단히 설명하겠다. 블록체인은 많은 블록(거래 내역)들이 체인처럼 연결된 거대한 기록장과 같다. 각 블록에는 많은 거래 정보가 담겨 있고, 이것들이 연결되어 전체 비트코인 거래의 역사를 만든다.

쉽게 말하면, 거래 내역이 적힌 장부가 있는데 이걸 블록 쌓기 할 때처럼 높이 쌓아 올리는 것이다. 왜 그렇게 할까? 그 이유는 함부로 위조하는 것을 막기 위해서다. 장부가 높이 쌓여 있는 상태에서 과거 장부 내용을 바꾸려고 한다면 위의 장부들을 모두 치워야 한다. 그만큼 과거 장부 내용을 바꾸기 어려워진다.

다시 앞으로 돌아가서, 컴퓨터로 어려운 문제를 푸는 데 가장 먼저 성공한 채굴자가 이 블록(거래 내역 또는 장부)을 작성할 기회를 얻고, 그 대가로 비트코인을 받게 되는데 이 전체 과정을 통틀어 비트코인 채굴이라 부른다.

2009년 1월 3일 최초의 비트코인이 채굴되었을 때, 규칙에 따라 10

분마다 50개의 비트코인이 생성되도록 설정되었다. 이 규칙은 비트코인이 21만 번 채굴될 때까지 계속된다. 간단히 계산해 보면 하루에 144번 채굴되어 총 21만 번 채굴을 완료하는 데는 대략 1,458일, 즉 거의 4년이 소요된다.

비트코인이 21만 번 채굴되고 나면 어떤 변화가 생길까? 바로 '반감기'가 도래한다. 이는 채굴 시 생성되는 비트코인의 수가 절반으로 감소하는 것을 의미한다. 실제로 2012년에 있었던 첫 번째 반감기에서는 채굴당 생성되는 비트코인 수가 25개로 줄었고, 2016년에는 12.5개, 2020년에는 6.25개로 감소했다. 이러한 추세가 앞으로도 계속된다면 2024년에는 3.125개, 2028년에는 1.5625개로 줄어들 것으로 예상된다.

50 → 25 → 12.5 → 6.25 → 3.125 …

이후로도 같은 과정이 끊임없이 반복되는데, 이렇게 새로 생성되는 비트코인의 개수가 계속 줄어들다가 최종적으로 2,100만 개가 만들어진 이후에는 더 이상 새로운 비트코인이 만들어지지 않는다. 따라서 비트코인의 최종 수량은 2,100만 개로 한정되며, 그 시점은 약 2,140년으로 예상된다.

이처럼 새롭게 만들어지는 비트코인의 수량이 기존 대비 절반씩 줄어들기 때문에 이 기간을 반감기라고 한다. 반감기의 주기는 약 4년이다. 다만 채굴 속도가 완전히 일정하지는 않아서 정확히 4년은 아니고, 과거의 기록을 보면 4년보다 매번 조금씩 앞당겨 반감기가 일어났다.

■ 반감기에 따른 비트코인 채굴량과 공급량의 변화

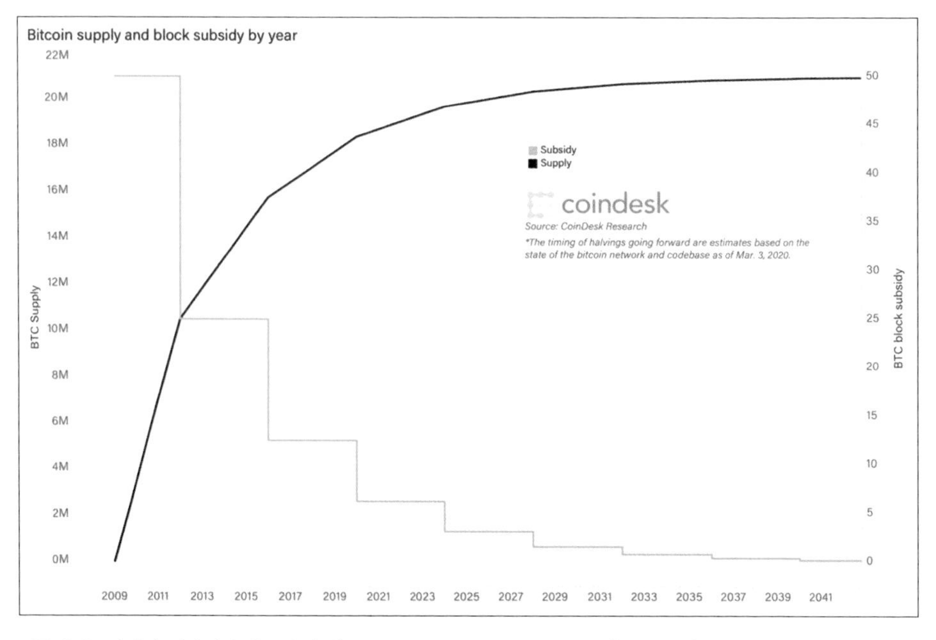

채굴량이 4년마다 반감되면서(노란색 선), 공급량의 증가 속도도 더뎌진다(검은색 선).

출처: coindesk.

4년이란 기간의 비밀을 밝히다!

자, 이제 뭔가 감이 오지 않는가? 새로 만들어지는 비트코인의 수량이 줄어든다? 그렇다면 공급량이 줄어든다는 얘긴데… 그게 4년마다 반복된다고? 음, 아까 비트코인 가격이 몇 년에 한 번씩 요동쳤다고 했더라?

빙고! 여기까지 감을 잡았으면 이미 비밀의 절반은 해독한 것과 다름없다.

쇠뿔은 단김에 뽑아야 하고, 치킨은 영혼이 원할 때 시켜야 한다(?). 기왕 감을 잡은 김에 그 감의 끈이 끊어지기 전에 조금 더 생각을 발전시켜 보자. 새로 채굴된 비트코인은 채굴자에 의해 시장에 판매되며, 이는 신규 비트코인이 시장에 공급되는 것을 의미한다. 그렇다면 이와 반대로, 채굴에 의한 신규 공급량이 감소한다는 것은 시장에 풀리는 새로운 비트코인의 수가 줄어든다는 것을 뜻한다.

경제의 기본 원칙으로 돌아가 보자. 만약 수요가 고정되어 있다고 가정할 때, 공급이 줄어들면 시장에는 어떤 변화가 일어날까? 고등학

■ 수요 변화에 따른 가격 변화

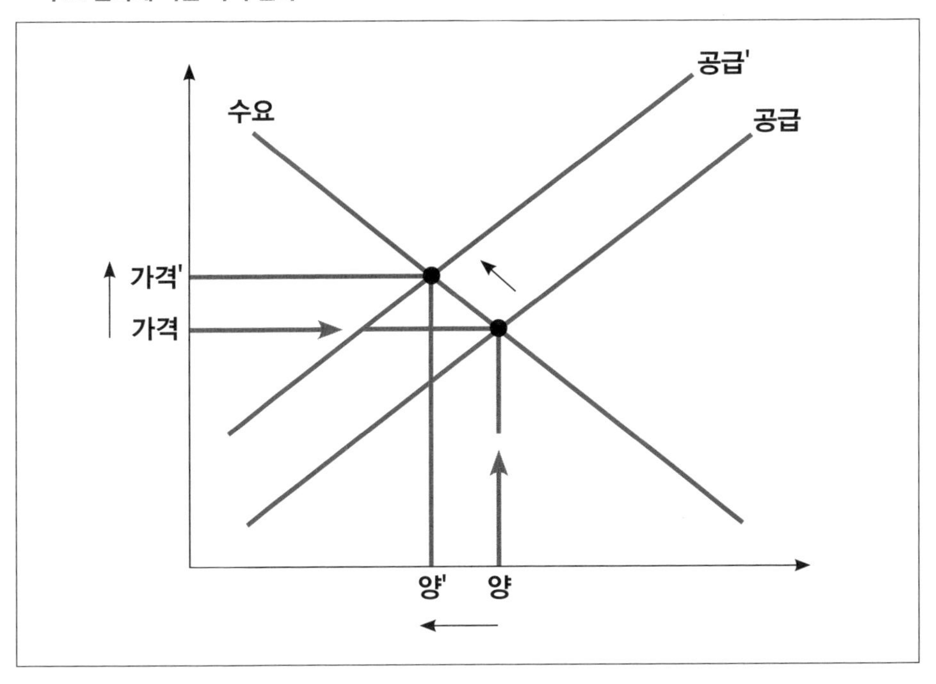

수요가 늘고 공급이 줄면 가격이 오른다.

교에서 배웠던 기초 경제학 지식을 활용해 추론해 보자. 그 정도의 상식으로도 충분히 짐작이 가능하다.

질문이 너무 어렵다면 앞 페이지의 그래프를 참고로 답을 내보길 바란다. 사실 그래프를 볼 필요까지도 없다. 수요가 그대로라는 전제하에 공급이 줄어들면 팔겠다는 사람보다 사겠다는 사람이 더 많아져 가격이 오른다는 것쯤은 이미 누구나 아는 주지의 사실이다. 앞에서 비트코인 가격이 4년 주기로 크게 상승한다고 얘기했던 것이 기억나는가? 그럼 이제 이 비밀의 답이 슬슬 보일 것이다. (그래프의 점이 이동한다. 즉, 가격이 오른다.) 비트코인 가격이 4년마다 크게 오른 것은 결코 우연이 아니었다. 4년마다 공급량이 크게 줄어들면서 생긴 당연한 현상이었다. 바로 이 반감기가 비트코인 가격을 4년마다 출렁이게 한 비밀의 근원이었던 것이다!

이제, 인생 2회차처럼 투자할 수 있다!

결말을 이미 아는 영화를 본다고 치자. 해피엔딩으로 끝난다는 것을 알고 있으므로 중간에 주인공이 어떤 위기에 처하더라도 마음 편하게 영화를 볼 수 있다. 이와 마찬가지다. 반감기의 비밀을 잘 뜯어보면, 동일하게 반복되어온 역사의 패턴을 확인할 수 있고, 이를 통해 매우 높은 확률로 미래를 추론할 수 있다. 즉, 비트코인 가격의 규칙을 알게 된다. 규칙을 알면 어떻게 될까? 결말을 미리 알고 보는 영화처럼 비트코인 투자가 쉬워진다.

투자할 때 가장 힘든 순간을 꼽으라면 언제일까? 내가 산 자산의 가격이 하락할 때다. 이러다가 원금 손실을 보면 어떻게 하지? 손실을 보더라도 지금이라도 팔아야 할까? 그랬다가 다시 오르면 어떻게 하지? 이런 고민이 투자자들을 가장 골치 아프게 하고 투자를 어렵게 하는 요인이다. 그런데 앞으로 어떤 일이 벌어질지 미리 알고서 투자한다면? 결말을 알고 있으니 도중에 어떠한 상황이 와도 흔들리지 않을 것이다. 어쩌다 가격이 하락하면 더 매수해 투자금을 늘릴 기회로 여기고 오히려 좋아할 것이다. 말만 들으면 꿈만 같은 일인데, 정말로 그렇게 할 수 있을지 아직도 의심이 들것이다. 걱정하지 마라. 그런 의심이 든다면 잘하고 있는 것이다. 투자자는 항상 의심할 필요가 있다. 이 책이 당신이 가진 당연한 의심들을 하나하나 풀어줄 것이다.

겉들이면 좋은 지식

비트코인은 누가 만들었지?

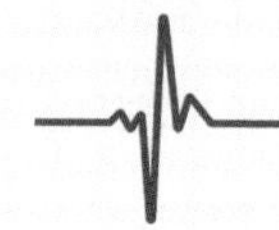

비트코인을 발명한 사람은 나카모토 사토시Satoshi Nakamoto라는 익명의 프로그래머다. 개인인지 집단인지는 불분명하다. 알려진 것이 거의 없기 때문이다. 사토시는 2007년부터 비트코인 코드를 개발하기 시작했고, 2008년부터 암호화폐와 관련해 유명한 프로그래머였던 할 피니Hal Finney와 함께 본격적으로 비트코인을 완성해 나갔다. 그리고 2008년 10월 31일 〈비트코인: P2P 전자 현금 시스템〉이라는 제목으로 비트코인을 설명하는 백서를 게재하며 비트코인의 탄생을 공식화했다.

나카모토 사토시가 누구이고, 왜 비트코인을 만들었는지에 대해서는 본인이 직접 밝힌 적이 없기 때문에 정확하게 알려진 것은 없다. 다만, 백서에 쓰인 그의 영어가 너무나 완벽한 영국식이었기에 나카모토 사토시라는 일본식 이름과는 달리 영국인이었을 것으로 추측된다. 또한 비트코인 코드가 너무나도 훌륭했기 때문에 천재적인 프로그래머였거나, 개인이 아닌 팀이었을 것으로 추측하는 사람들도 많다. 그러다가 2010년 말 홀연히 인터넷 세상에서 자취를 감추고는 지금까지 나타나지 않고 있다. 나카모토 사토시가 보유한 비트코인 개수는 약 100만

■ 비트코인 백서 1페이지

Bitcoin: A Peer-to-Peer Electronic Cash System

Satoshi Nakamoto
satoshin@gmx.com
www.bitcoin.org

Abstract. A purely peer-to-peer version of electronic cash would allow online payments to be sent directly from one party to another without going through a financial institution. Digital signatures provide part of the solution, but the main benefits are lost if a trusted third party is still required to prevent double-spending. We propose a solution to the double-spending problem using a peer-to-peer network. The network timestamps transactions by hashing them into an ongoing chain of hash-based proof-of-work, forming a record that cannot be changed without redoing the proof-of-work. The longest chain not only serves as proof of the sequence of events witnessed, but proof that it came from the largest pool of CPU power. As long as a majority of CPU power is controlled by nodes that are not cooperating to attack the network, they'll generate the longest chain and outpace attackers. The network itself requires minimal structure. Messages are broadcast on a best effort basis, and nodes can leave and rejoin the network at will, accepting the longest proof-of-work chain as proof of what happened while they were gone.

1. Introduction

Commerce on the Internet has come to rely almost exclusively on financial institutions serving as trusted third parties to process electronic payments. While the system works well enough for most transactions, it still suffers from the inherent weaknesses of the trust based model. Completely non-reversible transactions are not really possible, since financial institutions cannot avoid mediating disputes. The cost of mediation increases transaction costs, limiting the minimum practical transaction size and cutting off the possibility for small casual transactions, and there is a broader cost in the loss of ability to make non-reversible payments for non-reversible services. With the possibility of reversal, the need for trust spreads. Merchants must be wary of their customers, hassling them for more information than they would otherwise need. A certain percentage of fraud is accepted as unavoidable. These costs and payment uncertainties can be avoided in person by using physical currency, but no mechanism exists to make payments over a communications channel without a trusted party.

What is needed is an electronic payment system based on cryptographic proof instead of trust, allowing any two willing parties to transact directly with each other without the need for a trusted third party. Transactions that are computationally impractical to reverse would protect sellers from fraud, and routine escrow mechanisms could easily be implemented to protect buyers. In this paper, we propose a solution to the double-spending problem using a peer-to-peer distributed timestamp server to generate computational proof of the chronological order of transactions. The system is secure as long as honest nodes collectively control more CPU power than any cooperating group of attacker nodes.

출처: bitcoin.org.

개 전후일 것으로 알려져 있다. 그리고 그가 보유한 몇몇 비트코인 지갑의 주소도 잘 알려져 있는데, 나카모토 사토시가 인터넷상에서 사라진 이후 지금까지 그가 보유한 비트코인이 사용된 적은 단 한 번도 없다. 이런 이유로 많은 사람들이 그가 이미 죽었을 것으로 추측하고 있다. 그의 정체에 대해 다양한 추측과 루머가 존재하지만, 나카모토 사토시는 여전히 공식적으로 신원을 알 수 없는 미스터리한 인물로 남아 있다. 지금처럼 모습을 드러내지 않는 한 그의 정체는 영원히 풀리지 않는 수수께끼로 남을 것이다.

나카모토 사토시가 자신의 정체를 밝히지 않거나, 비트코인이 잘 운영되도록 궤도에 올려놓은 뒤 홀연히 사라진 것 모두가 결과적으로 비트코인에 대한 사람들의 신뢰를 높이는 역할을 한 것으로 인정받고 있다. 만약 나카모토 사토시의 정체가 알려져 있다면 사람들은 비트코인을 창조자인 그와 연관 지어 생각할 것이다. 그러면 그의 일거수일투족이 비트코인의 가치에 직접 영향을 미치게 된다. 또한 비트코인을 해치고자 하는 세력이 있을 때 나카모토 사토시라는 명확한 공격 대상이 생긴다. 하지만 지금의 비트코인은 어떤가? 만든 사람, 즉 주인이 없다. 따라서 그 누구도 비트코인의 가치에 직접적으로 영향을 주지 못하며 비트코인을 망가뜨리고자 해도 공격할 대상이 없다. 바로 이러한 비주권성이야말로 현재 비트코인의 가치를 이루는 주요한 요소 중 하나이고, 비트코인이 그 누구의 것도 아니면서 모두의 것이 될 수 있는 핵심 요인이다.

03

반감기는 뭐 때문에 만든 거야?

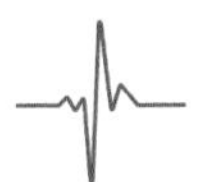

최초의 비트코인에 새겨진 문구

나카모토 사토시가 비트코인을 왜 만들었는지 정확하게 알려진 바는 없다. 하지만 사실 이에 대해서는 어느 정도 힌트가 남아 있다. 이 힌트를 보고 나면 그가 반감기를 만든 이유를 얼추 짐작할 수 있다.

채굴자가 비트코인을 생성할 때 코드베이스에 텍스트를 삽입할 수 있는데, 최초의 비트코인에는 이런 문구가 삽입되어 있다.

> The Times 03/Jan/2009 Chancellor on brink of second bailout for banks(영국 재무부 장관, 은행들에 두 번째 구제금융을 시행하다)

■ 최초의 비트코인을 생성한 코드베이스

```
Bitcoin Genesis Block
Raw Hex Version

00000000  01 00 00 00 00 00 00 00  00 00 00 00 00 00 00 00  ................
00000010  00 00 00 00 00 00 00 00  00 00 00 00 00 00 00 00  ................
00000020  00 00 00 00 3B A3 ED FD  7A 7B 12 B2 7A C7 2C 3E  ....;£íýz{.²zÇ,>
00000030  67 76 8F 61 7F C8 1B C3  88 8A 51 32 3A 9F B8 AA  gv.a.È.Ã^ŠQ2:Ÿ¸ª
00000040  4B 1E 5E 4A 29 AB 5F 49  FF FF 00 1D 1D AC 2B 7C  K.^J)«_Iÿÿ...¬+|
00000050  01 01 00 00 00 01 00 00  00 00 00 00 00 00 00 00  ................
00000060  00 00 00 00 00 00 00 00  00 00 00 00 00 00 00 00  ................
00000070  00 00 00 00 00 00 FF FF  FF FF 4D 04 FF FF 00 1D  ......ÿÿÿÿM.ÿÿ..
00000080  01 04 45 54 68 65 20 54  69 6D 65 73 20 30 33 2F  ..EThe Times 03/
00000090  4A 61 6E 2F 32 30 30 39  20 43 68 61 6E 63 65 6C  Jan/2009 Chancel
000000A0  6C 6F 72 20 6F 6E 20 62  72 69 6E 6B 20 6F 66 20  lor on brink of 
000000B0  73 65 63 6F 6E 64 20 62  61 69 6C 6F 75 74 20 66  second bailout f
000000C0  6F 72 20 62 61 6E 6B 73  FF FF FF FF 01 00 F2 05  or banksÿÿÿÿ..ò.
000000D0  2A 01 00 00 00 43 41 04  67 8A FD B0 FE 55 48 27  *....CA.gŠý°þUH'
000000E0  19 67 F1 A6 71 30 B7 10  5C D6 A8 28 E0 39 09 A6  .gñ¦q0·.\Ö¨(à9.¦
000000F0  79 62 E0 EA 1F 61 DE B6  49 F6 BC 3F 4C EF 38 C4  ybàê.aÞ¶Iö¼?Lï8Ä
00000100  F3 55 04 E5 1E C1 12 DE  5C 38 4D F7 BA 0B 8D 57  óU.å.Á.Þ\8M÷º..W
00000110  8A 4C 70 2B 6B F1 1D 5F  AC 00 00 00 00           ŠLp+kñ._¬....
```

우측에 나카모토 사토시가 직접 삽입한 문구가 보인다.

출처: Wikipedia.

이 문구는 2009년 1월 3일 자 영국 〈타임스〉의 머리기사이기도 하다. 그럼 나카모토 사토시는 왜 이 문구를 삽입했을까? 2008년 발생한 금융위기 당시, 각국 정부가 국민의 혈세로 방만하게 운영하다가 망할 위기에 놓인 은행들에 구제금융을 허용하면서 논란이 되었다. 당시 은행들은 최대한 큰 이자수익을 얻으려고 신용 리스크가 큰 기업이나 고객에게조차 많은 돈을 대출해 주었다. 그런데 미국에서 리먼 브러더스를 비롯한 대형 은행들이 파산하기 시작하면서 나머지 은행들도 줄줄이 파산할 위기에 처했다. 각국 정부는 이런 은행들에 구제금융을 실시해서 파산하지 않도록 지원해 주었다. 그런데 국가의 돈이란 게 사실은 국민의 돈과 다름이 없으니, 결국 국민들이 성실하게 일해서 납부한 혈세로 경영에 실패한 은행들을 살린 셈이었다. 그런 측면에서 볼 때 나카모토 사토시가 이 문구를 최초의 비트코인에 삽입한 것은 결코 우연이 아니다. 영국 재무부의 행동을 명백하게 비난하려는 의도를 담은 이 짧은 한 줄의 문구에는 비트코인을 만든 나카모토 사토시의 핵심 사상이 담겨 있다.

멈추지 않는 국가의 부채

국가가 만든 통화시스템은 철저하게 국가에 의해 통제된다. 머니 프린터를 소유한 국가는 기준 금리의 조절, 국채의 발행, 중앙은행을 통한 채권 매입 등의 방법으로 통화의 유동성을 철저하게 통제한다. 이것은 통화에 대한 권리가 완벽하게 국가에 귀속되어 있다는 뜻이다. 이게 왜 문제가 될까? 그 이유는 통화를 사용하는 사람들, 즉 우리와 같은 평범한 국민이 일방적으로 불이익을 당할 수 있기 때문이다.

2023년 10월, 미국의 부채규모가 33조 5,000억 달러에 도달했다는 기사가 나왔다. 이게 무슨 의미인지 감이 잘 안 올 것이다. 미국은 2023년 6월, 기존에 31조 4,000억 달러였던 부채한도를 다음 대선 이후인 2025년 1월까지 유예 적용하는 「재정 책임법안」을 통과시켰다. 이로써 31조 4,000억 달러였던 기존 부채가 불과 4개월 만에 33조 5,000억 달러로 2조 1,000억 달러나 늘어났다.

■ 2023년 6월 이후 미국 재무부의 부채 증가 규모

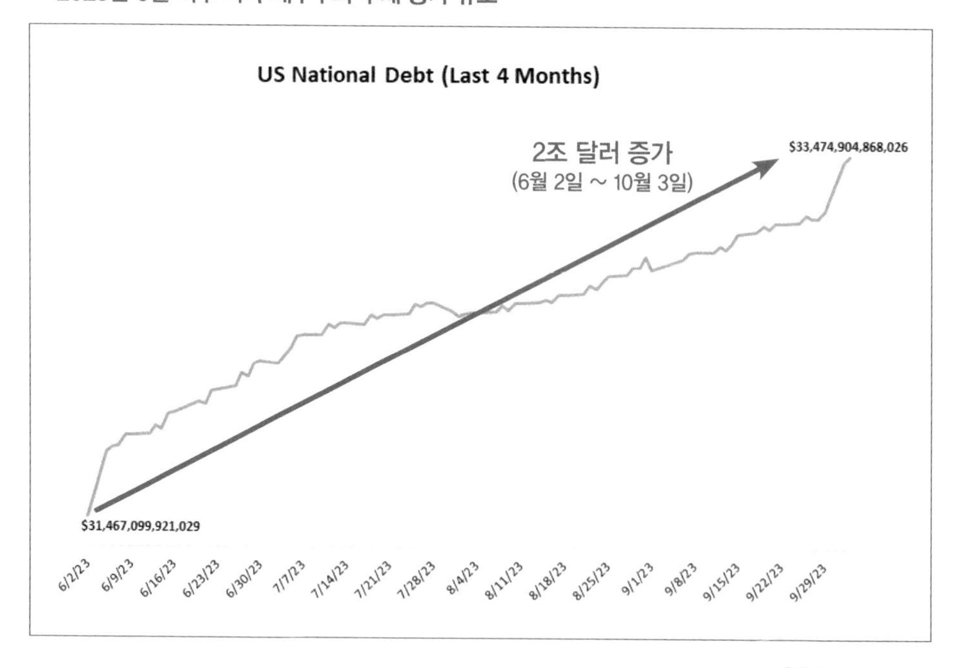

출처: Creative Planning.

미국의 부채한도 증가 속도는 명백하게 점점 더 빨라지고 있다. 미국의 부채는 1970년도의 3,710억 달러에서 2023년 33조 5,000억 달러로 거의 900배나 증가했다. 옆의 그래프에서 부채가 J-커브(J 모양)를 그리며 급속하게 증가하는 것을 알 수 있다. 이렇게 증가속도가 가속화하는 이유는 무엇일까? 바로 복리 효과 때문이다. 부채는 원금만 갚는다

■ 미국 재무부의 부채한도 증가 속도

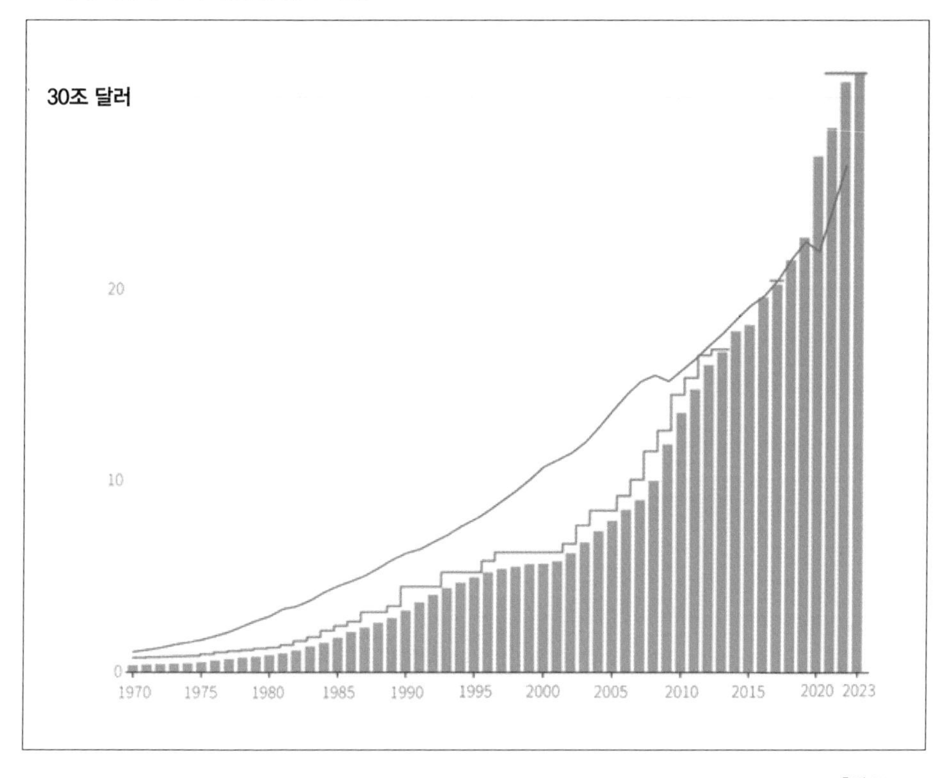

출처: Reuters.

고 해결되지 않는다. 이자도 갚아야 한다. 따라서 부채를 갚기 위해선 더 많은 부채를 내야 한다. 신용카드 돌려막기를 생각하면 쉽다. 미국뿐만 아니라 전 세계 국가들이 실상은 이처럼 빚 돌려막기로 운영되고 있다.

뱅크 오브 아메리카의 분석에 따르면 지금으로부터 10년 후인 2033년에는 미국의 부채가 50조 달러를 돌파할 것으로 예상된다. 10년 동안 약 65% 증가하는 셈이다. 이 속도로 부채가 계속 늘어날 경우, 2050년경에는 부채가 거의 확실하게 100조 달러를 돌파한다. 이는 한화로 무려 10경 원이 넘는 문자 그대로 천문학적인 금액이다.

비트코인은 디플레이션 화폐

국가의 부채가 늘어난다는 것은 무엇을 뜻할까? 바로 국가가 돈을 찍어내고 있다는 얘기다. 이렇게 돈이 많아지면 어떤 현상이 생길까? 화폐 가치가 하락하면서 인플레이션이 발생한다. 이 내용은 나의 전작인 《돈의 규칙》에서 아주 상세하게 설명했으니, 해당 내용을 자세히 공부하고 싶은 독자는 한번 읽어보기 바란다. 아무튼 인플레이션이 발생하면 사람들의 실질적인 구매력이 하락하는 문제가 발생한다. 제품이나 서비스의 가격이 계속 올라서, 오늘은 내가 가진 돈으로 살 수 있었지만 내일은 살 수 없게 되기 때문이다. 흔히 농담 반 진담 반으로 월급만 빼고 다 올랐다고 말하는데, 이게 바로 인플레이션에 의해 발생하는 폐해다. 오늘 통장에 들어 있는 1억 원이 10년 후에는 1억 원의 가치를 갖지 못한다.

결론은 국가가 일방적으로 통화의 통제권을 쥐게 되면서, 정작 그 돈을 사용하는 우리와 같은 일반 국민은 강제로 구매력이 삭감되는 피해를 수시로 받게 되었다는 것이다.

비트코인 이야기로 다시 돌아가서, 나카모토 사토시는 비트코인을 통해 법정 화폐들에서 나타난 가장 큰 폐해 두 가지(통화의 일방적인 통제권과 사용자의 구매력을 강제로 삭감하는 인플레이션)를 파괴하려고 했다. 그래서 2140년까지 통화 발행 일정을 모두가 공평하게 알 수 있도록 미리 설정해 두었다. 또한 발행량이 끝없이 증가하면서 구매력 하락이 발생하는 인플레이션 화폐가 아니라, 갈수록 발행량이 줄어드는 디플레이션 화폐를 채택했다. 이것이 바로 나카모토 사토시가 비트코인의 반감기를 지금과 같이 설정한 이유다.

CHAPTER2

비트코인 반감기가 불러온 나비효과, 태풍을 몰고 오다

지금까지 반감기가 무엇인지, 왜 존재하는지에 대해 알아보았다. 그다음으로 궁금한 것은 아마도 다음과 같은 내용일 것이다.

'그럼 반감기가 오면 비트코인에 과연 어떤 일이 생길까?'

우선 반감기를 제대로 알기 위해서는 과거 세 번의 반감기에 어떤 일이 벌어졌는지 살펴볼 필요가 있다. 반감기는 대략 4년마다 한 번씩 일어난다. 반감기 이전 2년 이내의 최저점으로부터 반감기 이후 2년 이내의 최고점을 기준으로 가격이 어느 정도 상승했는지 함께 살펴보자.

04

비트코인의 첫 번째 반감기

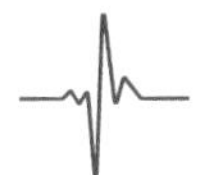

1차 반감기 이후 500배 오른 비트코인

최초의 비트코인 반감기는 2012년 11월 28일에 시작되었다. 반감기 이전 2년 이내 최저 가격은 2010년 12월 9일 기록한 0.192 달러이고, 반감기 이후 2년 이내 최고 가격은 2013년 12월 4일 기록한 1,134.4달러다. 약 5,900배 상승했음을 알 수 있다. 다만, 2011년 이전은 비트코인 거래 시장이 아직 제대로 형성되지 않은 극초기에 해당하여 가격의 신뢰성이 떨어지므로(일부 거래소의 적은 거래만으로도 가격이 큰 폭으로 변동되었기에) 그 뒤에 있을 다른 사이클들과 직접적으로 비교하기에는 많은 무리가 따른다는 것을 참고하자. 신뢰성 있는 거래가 가능한 비트코

■ 첫 번째 반감기 당시 비트코인 가격변화(2010년 최저점부터)

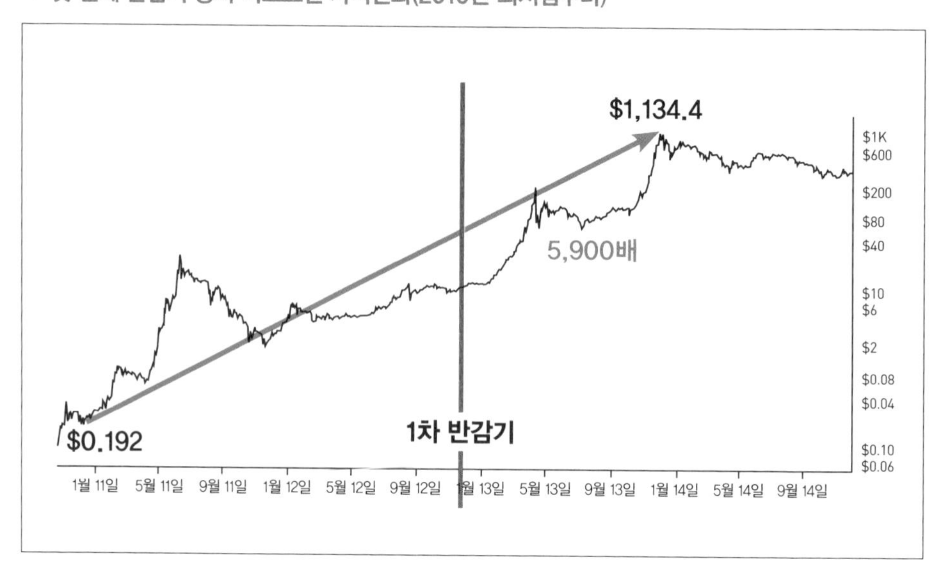

출처: glassnode.com.

■ 첫 번째 반감기 당시 비트코인 가격변화 수정본(2011년부터)

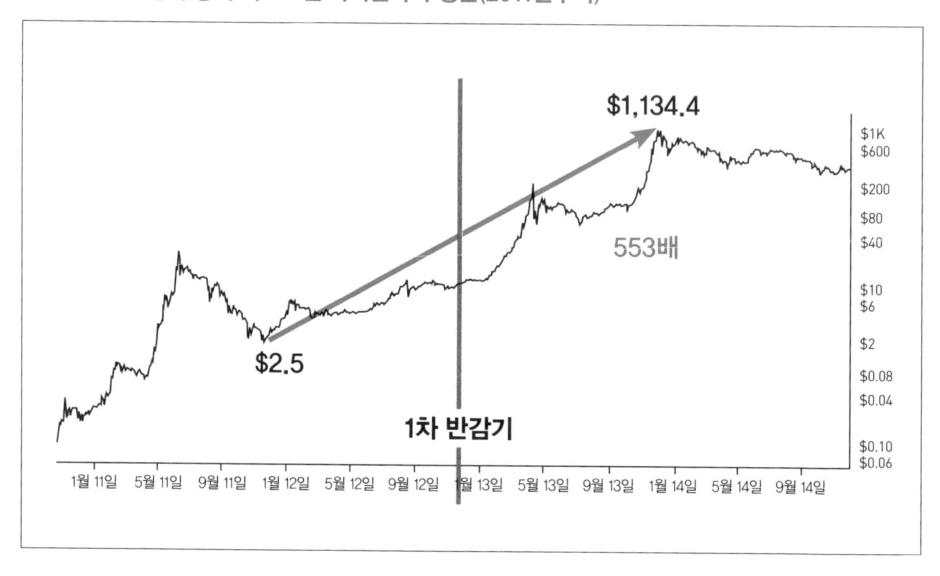

출처: glassnode.com.

인 거래소가 만들어진 2011년 이후 가격부터 비교해 보면 약간이나마 참조할 수 있는 가능성이 올라가는데, 이때 최저 가격은 2011년 11월 18일 기록한 2.5달러다. 이 지점부터 비교하면 최고 가격인 1,134.4달러까지 약 553배 정도 상승했음을 알 수 있다.

이 첫 번째 반감기의 참가자들은 대부분 초기 암호화폐 관련 기술자들이었고, 위험 성향이 강한 투자자들만이 아주 일부 참가했다. 당시는 대부분의 사람들이 아직 비트코인이라는 이름조차 제대로 들어보지 못한 시기였기에, 신기술에 대한 관심이 높고 투자에 대한 위험 감수성이 높은 사람들만이 비트코인에 투자할 수 있었다. '비트코인을 1달러 이하에 살 수 있었다고? 그럼 지금쯤 갑부가 되었겠는데?'라고 생각하기 쉽지만, 현실은 그리 녹록지 않다. 이 당시 비트코인을 현재 대비 말도 되지 않는 가격에 매수했던 투자자들 거의 대부분이 가격 상승기에 매도했기 때문이다. 물론 그 이후에 다시 매수한 사람들도 꽤 있겠지만, 대부분은 자기가 처음 매수했던 가격이나 심지어 매도했던 가격보다도 더 비싸게 다시 사야만 했다.

아무튼 첫 번째 반감기를 통해, 반감기로 인한 공급감소의 영향이 비트코인 가격에 지대한 파급력을 행사한다는 점이 확인되었다. 사실 최초 반감기 이전만 하더라도 '반감기를 거친다고 해서 과연 비트코인 가격이 오를까?'라는 의문을 가진 사람들이 많았다고 한다. 한 번도 경험해 보지 못한 일이었으니 당연한 현상이다. 하지만 첫 번째 반감기를 거치며 엄청난 가격 상승을 경험한 투자자들은 비트코인 반감기의 위력을 깨달았고, 다음 반감기를 준비하게 되었다.

05

비트코인의
두 번째 반감기

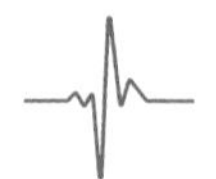

2차 반감기, 116배 오른 비트코인

비트코인의 두 번째 반감기는 2016년 7월 9일에 시작되었다. 반감기 이전 2년 이내 최저 가격은 2015년 1월 14일 기록한 172달러이고, 반감기 이후 2년 이내 최고 가격은 2017년 12월 17일 기록한 19,891달러다. 약 116배 상승했다.

두 번째 반감기를 지나면서 비트코인이 사람들에게 본격적으로 알려지기 시작했다. 뉴스나 커뮤니티에서 자주 거론되는 단골 소재가 되었고, 위험 성향을 가진 용감한 투자자들이 대거 투자에 참여했다. 국내에 제대로 된 거래소조차 없었던 1차 반감기 때와는 달리 원화로 쉽

■ 두 번째 반감기 당시 비트코인 가격변화(2016년)

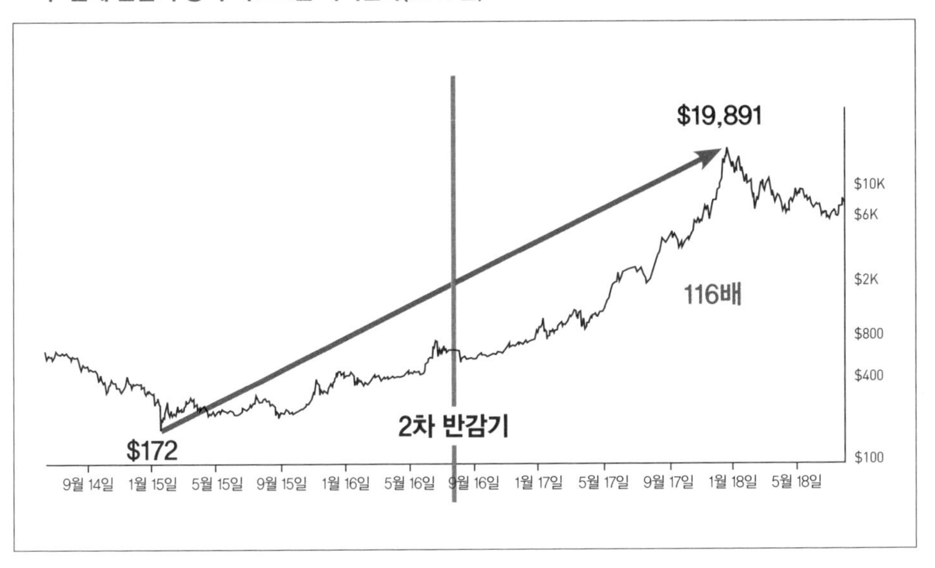

출처: glassnode.com.

게 비트코인을 사고팔 수 있는 거래소가 등장하여, 많은 사람이 반감기 랠리에 참여했다. 다만, 이 당시 비트코인 투자는 장기적 관점에서 '가치 있는 것의 선점'을 목적으로 하는 투자는 아니었다. 그보다는 가격 급등에 따른 시세차익을 추구하는 트레이더들에 의한 투기가 주류를 이뤘다. 대부분의 비트코인 투자자들이 가격 급등을 통해 일확천금을 꿈꾸던 시기였고, 비트코인의 존재 의의나 자산으로서의 가치 따위는 제대로 알려지지도 않았고, 알고 싶어 하지도 않았다.

사실 이 2차 반감기 때까지만 해도 반감기로 인한 가격 상승효과를 강하게 확신하기 어려웠다. 비록 지난번 반감기 때 큰 가격 상승효과가 있기는 했지만, 단 한 번의 사례에 불과했기에 그것을 일정한 패턴으로 볼 수는 없었다. 또한 4년 전 가격 상승의 원인이 반드시 반감기 효과 때문이었는지 그 인과관계조차 장담할 수 없었다. 따라서 이때 투자했던 사람들은 대부분 리스크를 두려워하지 않고 도전하는 얼리 어댑터 성향의 투자자들이었고, 우연이든 필연이든 지난번처럼 반감기 전후로 올라 주길 바라며 투자할 수밖에 없었다. 다행히도 결과는 대성공이었다.

아무리 올라도 팔지 못한 사람들

하지만 문제가 있었다. 아직 명확한 패턴을 도출해 내지 못해 탈출 타이밍을 모른다는 점이었다. 오르는 것까지는 맞췄지만, 언제 팔아야 할지 감을 잡을 수 없었다. 실제로 가격이 최대 116배까지 오르는 동안 너무 이른 타이밍에 매도한 투자자들이 대부분이었다. 그러나 더 큰 문제는 끝까지 팔지 못한 투자자들이었다. 이들은 애당초 비트코인의 장기적 가치를 바라보고 투자한 장기 투자자가 아니라, 단기 급등에 편승하여 시세차익을 노리고 투자한 트레이더들이었다. 비트코인 가격이 고점을 찍은 이후 급격하게 하락하자, 적당한 때 팔지 못해 탈출에 실패한 투자자들이 대규모로 양산되었다. 트레이더가 손절 타이밍조차 놓치고 물리면 그 투자는 완전히 실패한 것이 된다.

2017년 말 비트코인 가격이 2만 달러 달성을 눈앞에 두고 하락하기 시작했다. 그것도 아주 급속도로…. 불과 반년 만에 비트코인 가격은 기존의 3분의 1 수준 이하로 떨어졌다. 언론에서는 300년 전 네덜란드에서 일어났던 튤립버블에 빗대어 비트코인을 '현대판 튤립버블'이라며 깎아내렸다. 비트코인에 투자했다가 손해를 본 사람들을 투기꾼으로 치부하고, 다시는 손실을 복구하지 못할 거라고 장담했다. 대부분의 사람들이 이제 비트코인은 끝났다고 생각했으며, 그렇게 현대판 튤립버블이 되어 역사적인 거품 투기의 한 장을 장식할 이름으로 남을 줄로만 알았다. 세 번째 반감기가 오기 전까지는 말이다.

그리고 아무도 예상하지 못했던 일이 일어났다.

곁들이면 좋은 지식

비트코인, 그 전설의 시작

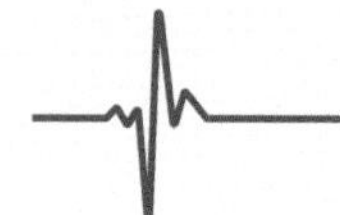

■ 나카모토 사토시가 발행한 〈비트코인 백서〉

Bitcoin: A Peer-to-Peer Electronic Cash System

Satoshi Nakamoto
satoshin@gmx.com
www.bitcoin.org

출처: www.bitcoin.org.

2009년 1월 3일, 비트코인의 첫 번째 블록인 '제네시스 블록'이 만들어졌다. 후사에 기록적인 사건으로 남을 '인터넷으로 연결된 탈중앙화 공개 분산 장부'가 공식적으로 가동을 시작한 것이다. 비트코인이 세상에 처음 이름을 알린 건 2008년 10월 31일이다. 나카모토 사토시라는 한 무명 개발자가 암호화폐 메일링 리스트를 통해 〈비트코인 백서 Bitcoin White paper〉라는 이름의 '비트코인: P2P 전자 화폐 시스템', 즉 비트코인의 기술 개요서를 발행했다. 이것이 공식적으로 비트코인의 이름이 알려진 첫 번째 사건이다.

물론 이 기술 개요서가 메일링 리스트를 통해 전달되었을 때 관심을 가진 개발자는 거의 없었다. 당시 메일링 리스트에 올라 있던 사람들은 대부분 오랜 시간 디지털 화폐 개발에 힘써온 선구자들이었다. 그리고 그들의 부단한 노력은 그때까지 모두 실패로 끝났다. 몇몇 중대한 결함으로 인해 그전까지 시도했던 모든 방법이 수포로 돌아가 버렸기 때문이었다. 온갖 기술과 아이디어를 동원하여 개선하고 또 개선했지만, 완벽한 디지털 화폐를 만드는 것은 불가능해 보였다. 그런 와중에 이름도 들어본 적 없는 '나카모토 사토시'라는 신입 개발자의 메일을 진지하게 본 사람이 아무도 없는 것은 당연했다. 그러나 딱 한 사람, 이 메일에 큰 관심을 보인 사람이 있었다. 바로 당시 디지털 화폐 개발자들 사이에서 가장 큰 명성을 떨치던 할 피니였다.

할 피니는 아주 오랜 시간 디지털 화폐 개발에 전력을 다해 온 천재 프로그래머로, 디지털 화폐 개발자들 사이에서는 리더 격의 인물 중 한 명으로 추앙받던 사람이었다. 그런 그가 나카모토 사토시의 '비트코인'에 관심을 가지고 사토시와 메일을 주고받으며 비트코인의 검증에 참여하면서부터, 비트코인은 본격적으로 주류 디지털 화폐 개발자들 사이에서 인정받으며 중대 관심사로 떠올랐다.

디지털 화폐의 개발은 의외로 아주 오래전부터 이어져 왔다. 최초의 디지털 화폐로 인정받은 것은 1983년 데이비드 차움David Chaum이 개발을 시작한 이캐시eCash다. 그가 이캐시를 만든 목적은 명확했다. 1) 인터넷으로 돈을 주고받기 위해서, 2) 암호화 기술을 이용하여 프라이버

시를 보호하기 위해서였다. 당시에는 개인이 인터넷을 이용해 송금하는 것 자체가 불가능했기에, 디지털 화폐의 출현은 그 자체로도 엄청난 기술이 될 수 있었다. 하지만 이캐시는 결국 실패로 끝났다. 차움은 디지캐시Digi Cash라는 이름의 회사를 설립하여 이캐시를 운영했지만 결국 회사라는 중앙 집권화된 기관에 의존할 수밖에 없었고, 이것은 디지털 화폐의 존재 이유 그 자체에 정면으로 위배되는 형태였다. 결국 1998년 디지캐시가 망하면서 이캐시도 함께 사라졌다.

이 당시만 하더라도 시스템을 관리할 중앙화 세력의 개입 없는 디지털 화폐란 기술적으로 존재하기가 어려웠다. 이유는 간단하다. 디지털 화폐가 무형 데이터이기 때문이다. 무형 데이터는 복제가 쉽다. 따라서 화폐를 전송한 뒤 여전히 화폐의 복제품을 가지고 있을 수 있다. 마치 이메일이 수신자의 받은 편지함과 나의 보낸 편지함에 동시에 존재하듯이 말이다. 중앙 관리자 없이는 이 문제를 해결할 수 없었기에, 1990년대 후반에 들어서면서 지금도 유명한 아담 백Adam Back이나 닉 자보Nick Szabo와 같은 선구자들이 디지털 화폐의 개발에 최선을 다해 매진했음에도 불구하고 이 문제는 끝내 풀기가 어려워 보였다.

디지털 화폐의 희소성 유지 문제에 골몰하던 1990년대 후반, 개발의 최선두에 서있던 아담 백이 후대 비트코인의 뼈대가 된 작업 증명PoW: Proof of Work 방식의 네트워크 증명방식을 개발해 냈다. 그리고 이 작업 증명 방식을 사용하는 해시캐시hashcash를 고안해 냈는데, 아쉽게도 몇

몇 기술적 결함과 함께 사업성이 전혀 없는 기획으로 인해 '작업 증명'이라는 좋은 뼈대만을 남기고는 사라져 버렸다. 그 이후에도 이전 세대의 디지털 화폐의 문제를 수정 보완한 비머니b-money나 비트골드bitgold 같은 새로운 디지털 화폐가 출현했지만, 모두 완전한 디지털 화폐를 완성하기 위한 마지막 퍼즐 조각 하나가 부족해 실패로 끝나고 말았다. 이 마지막 퍼즐은 완전하게 탈중앙화된 상태로 디지털 화폐의 희소성을 완벽하게 유지하는 방법을 말한다. 모든 디지털 화폐들이 이 퍼즐 조각을 끝까지 해결하지 못했고, 그런 상태로 10년이 흘러 2008년에 이르렀다. 대부분의 암호화폐 개발자들은 완벽한 디지털 화폐란 '실현 불가능한 이론상의 존재'에 가깝다는 결론을 내린 채, 오랜 염원을 거의 포기하려 하고 있었다.

그렇게 디지털 화폐가 철없는 몽상가 집단의 못다 이룬 꿈이 되어 사라지려 하던 2008년 10월 31일, 이름조차 들어본 적 없는 나카모토 사토시라는 한 무명 개발자의 이메일이 소리 소문 없이 암호화폐 개발자 메일링 리스트에 뿌려졌다. 비트코인이 세상에 처음 그 이름을 드러낸 순간이었다.

> 발신: 나카모토 사토시
>
> 제목: '비트코인: P2P 전자 화폐 백서'
>
> 저는 신뢰할 만한 제삼자의 개입이 필요 없는 완전한 P2P 방식의 새 전자화폐 시스템을 연구해 왔습니다…. (이하생략)

Bitcoin P2P e-cash paper

Satoshi Nakamoto   Sat, 01 Nov 2008 16:16:33 -0700

```
I've been working on a new electronic cash system that's fully
peer-to-peer, with no trusted third party.

The paper is available at:
http://www.bitcoin.org/bitcoin.pdf

The main properties:
 Double-spending is prevented with a peer-to-peer network.
 No mint or other trusted parties.
 Participants can be anonymous.
 New coins are made from Hashcash style proof-of-work.
 The proof-of-work for new coin generation also powers the
    network to prevent double-spending.
```

[1]

모니터의 옅은 모노크롬 빛이 우중충하게 물든 어두운 방 안에서 한 남자가 팔짱을 낀 채 한 손을 턱에 괴고는 심각한 얼굴로 무엇인가를 읽고 있다.

"하, 이중 지불 문제를 해결했다고? 이 작자는 지금 자기가 무슨 말을 하는지 제대로 알기나 하는 건가?"

남자는 지금 자신이 보고 있는 것의 내용을 전혀 믿을 수 없다는 표정으로 미간을 찡그린 채 얕은 신음 소리를 냈다. 엄숙한 얼굴 위로 모니터에서 흘러나온 갖가지 빛깔들이 기괴한 형태로 수놓이며 남자의 얼굴을 한층 험악하게 만들었다.

이중 지불Double-spending의 해결은 디지털 화폐의 희소성을 유지하기 위해 반드시 필요한 기술이었다. 물론 중앙 관리자를 둔다면 이 문제는 쉽게 해결할 수 있다. 하지만 신뢰할 만한 제삼자가 개입하는 순간 디지털 화폐의 존재 의의는 사라지고 만다. 어느 누구의 간섭도 개입도 통제도 없이 완전하게 분산되어 운영되는 디지털 화폐의 창조. 이것이야말로 암호화폐 개발자들이 그토록 오랜 시간 동안 풀리지 않는 난제와 씨름해 온 이유이기 때문이다. 그런데 당돌하게도 메일링 리스트에 있는 모든 개발자에게 메일을 뿌린, 이름조차 들어본 적 없는 신입 개발자 나부랭이가 그 어려운 문제를 풀었다고 주장하다니!

'나카모토 사토시? 일본인인가? 그렇게 보기엔 영어가 너무 능숙한데?'

신뢰할 만한 제삼자의 개입 없이 디지털 화폐의 희소성을 지키는 문제는 완전하게 탈중앙화된 P2P 전자화폐를 만들기 위한 마지막 퍼즐이었다. 또한 30년에 가까운 디지털 화폐 개발의 역사 속에서 수많은 천재 프로그래머들이 혼신의 힘을 담아 고치고 또 고쳐왔지만 끝내 이루지 못한 숙원이었다. 이론상으로만 존재할 뿐 현실에서는 결코 풀 수 없는 미완의 과제로 남아 대부분의 개발자들이 꿈을 접고 하나둘 떠나가려던 찰나에, 이름조차 들어본 적 없는 신입 개발자가 그 어려운 걸 해냈다고 주장하고 있는 것이었다. 남자는 거의 한 시간째 모니터를 노려보며 진위 여부를 추론했다. 오랜 고민 끝에 결론을 내린 그는 손가락을 마우스에 갖다 댔다.

"사기꾼 자식!"

남자는 역한 감정이 섞인 짧은 한마디와 함께 메일창을 닫아 버렸다. 그러고는 의자에서 일어서며 힘차게 기지개를 폈다.

“아아, 쓸데없는 데 홀려 시간만 날렸네. 맥주나 한잔하러 가야겠다.”

옷걸이에 걸려 있던 얇은 점퍼를 대충 걸친 남자는 시원한 맥주로 갈증을 달래고 싶은 마음에 서둘러 방을 떠났다.

같은 시각 미국 로스앤젤레스.

투박한 손가락이 빠르게 키보드 위를 달리고 있었다. 손가락의 주인이 흥분이라도 했는지 스페이스 바를 누를 때마다 ‘탁’ 하고 큰 소음이 났다. 맹렬한 기세로 무엇인가를 쓰는 남자의 이름은 ‘할 피니’. 암호화폐 개발자들 사이에서는 전설적인 존재로 추앙받는 권위자였다. 그런 그가 누군가에게 다급하게 메일을 쓰고 있었다.

“귀하가 보낸 비트코인 백서를 매우 꼼꼼히 살펴보았습니다. 우선 제가 현재 흥분을 감출 수 없는 상태임을 양해해 주시기 바랍니다. 비트코인이 정말로 이중 지불 문제를 해결했다면, 귀하는 인류 역사의 새로운 장을 연 것과 다름없습니다. 조금 더 자세히 얘기를 나누고 싶군요. 개발 중인 비트코인 버전의 실행 파일을 보내주시지 않겠습니까?”

[2]

나카모토 사토시가 그의 암호화폐 개발 아이디어를 동료 개발자들에게 이메일로 전했을 때, 관심을 보인 이는 거의 없었다. 완전한 탈중앙화를 구현한 P2P 디지털 화폐를 개발하려는 시도가 이미 30년 이상 이어졌지만, 성공한 사례가 없었기 때문이었다. 이런 시기에 이름조차 생소한 신입 개발자가 '완전히 탈중앙화된 전자 화폐'를 개발했다고 주장한다면, 이것을 믿어줄 사람이 과연 몇이나 될까? 수많은 초보 개발자들이 자신의 프로젝트에 다양한 이름을 붙이며 '완벽한 디지털 화폐'를 만들었다고 주장했지만, 대부분은 시간 낭비에 불과한 무가치한 프로그램들이었다. 나카모토 사토시의 이메일을 받은 많은 개발자들은 그의 비트코인에 눈길조차 주지 않았다. 하지만 이렇게 무관심 속에 사라질 위기에 처한 비트코인에 주목한 한 사람이 있었으니, 그가 바로 할 피니였다.

1979년 캘리포니아 공과대학을 졸업한 할 피니는 곧장 컴퓨터 게임 회사에 들어갔다. 당시는 아타리와 닌텐도의 흥행에 힘입어 비디오 게임 붐이 일던 시기였다. 할 피니는 뛰어난 프로그램 실력을 살려 컴퓨터로 게임을 개발하는 일을 커리어의 시작으로 삼았다. 1990년대 초반에 할 피니는 본격적으로 암호화폐 개발에 뛰어들었다. 많은 디지털 화폐의 초기 버전을 만들며 경력과 공로를 쌓아가던 그는 2004년 비트코인의 네트워크 증명 방식인 작업 증명**PoW**의 프로토타입이라고 할 수 있는 재사용 가능한 작업 증명**RPoW**를 만들어 냈는데, 이는 훗날 비트코인이 탄생하는 데 큰 발판이 되었다.

이런 전설급 프로그래머가 우연인지 필연인지 모를 계기로 비트코인에 관심을 갖고 나카모토 사토시로부터 온 메일에 반응했던 것을 보면, 비트코인은 결국 이 세상에 등장하게 될 운명이었을지도 모르겠다.

만약 할 피니 같은 대선배가 이끌어주지 않았다면, 아마도 비트코인은 제대로 검증조차 되지 못한 채 사장되어 사라져 버렸을지도 모른다. 그랬다면 우리는 지금 비트코인이라는 이름조차 몰랐을 것이다. 어떻게든 세상에 나올 운명이었던 비트코인은 할 피니의 관심과 함께 본격적인 태동 준비에 들어갔고, 이는 불과 몇 개월 뒤에 현실로 구현되었다.

06

비트코인의 세 번째 반감기

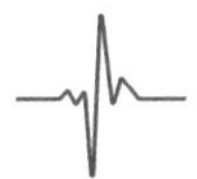

3차 반감기 이후 21배 오른 비트코인

비트코인의 세 번째 반감기는 코로나19가 한창 유행하던 2020년 5월 11일에 시작되었다. 반감기 이전 2년 이내 최저 가격은 2018년 12월 15일 기록한 3,215달러이고, 반감기 이후 2년 이내 최고 가격은 2021년 11월 10일 기록한 69,048달러다. 최대 21.5배 상승했다.

세 번째 사이클의 가장 큰 특징은 코로나19로 인한 자산시장의 대격변 시기와 겹친다는 점이다. 반감기를 겨우 한 달여 남겨둔 2020년 4월, 비트코인 가격은 코로나 팬데믹으로 인해 전 세계 자산시장이 폭락하는 가운데 4,000달러까지 하락했다. 이는 이전 바닥 가격인 3,215달

■ 세 번째 반감기 당시의 가격변화(2020년)

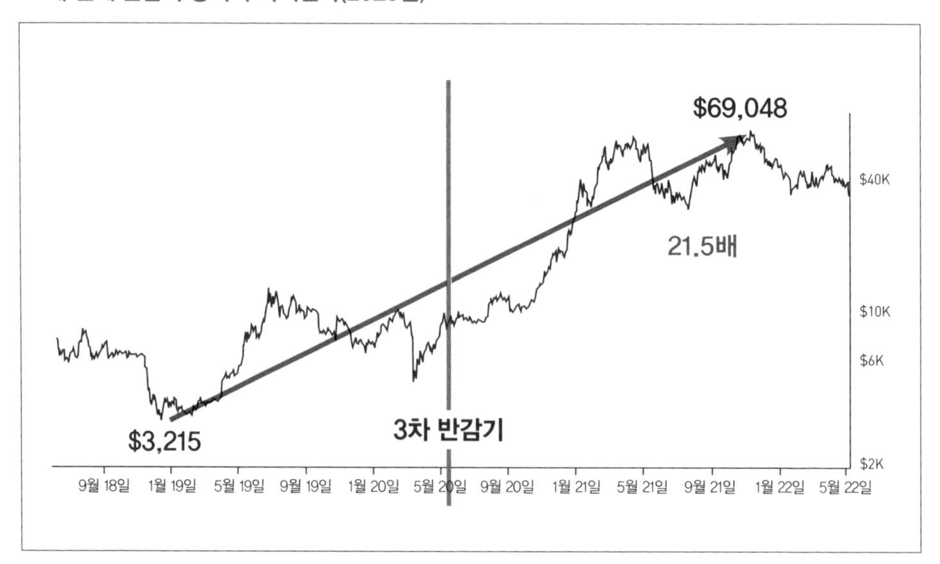

출처: glassnode.com.

러와 큰 차이가 나지 않는 가격이다. 당시 세계 최고의 자산이라는 미국 주식조차 35%가 넘게 하락했던 터라 비트코인도 이번에는 반감기 효과를 보지 못할 것이란 짐작이 많았다.

하지만 미국의 중앙은행에 해당하는 연방 준비 제도Fed가 통화 완화 정책을 대규모로 펼치며, 시장에 유동성이 급격하게 풀리기 시작했다. 자산시장으로 돈이 다시 유입되면서 비트코인을 포함한 전 세계 자산시장이 빠르게 상승했고, 비트코인에 때마침 세 번째 반감기가 도래했다. 반감기 이후 몇 개월 동안 큰 반응을 보이지 않던 비트코인 가격은 2020년 말부터 본격적으로 공급 감소의 효과가 나타나면서 이후 약 반년 만에 6배 상승하는 큰 상승장을 맞이했다.

반감기는 패턴이다!

세 번째 사이클의 경우 코로나19를 포함한 여러 가지 대외 변수들로 인해 많은 부침을 겪었다. 이런 외부적 변수들은 비트코인 사이클에 상당한 영향을 주었고, 가격 왜곡을 발생시켰다. 그로 인해 세 번째 사이클은 가장 평가하기 난해한 사이클로 남았다(여기에 대해서는 뒤에서 더 자세히 다룰 예정이니 참고하기 바란다).

어쨌든 세 번째 사이클 역시 결과적으로는 가격의 폭발적 상승이라는 같은 결말을 맞이했다. 비트코인의 반감기 사이클이 단순한 우연이 아닌, 명확한 패턴을 가진 인과관계임을 입증하는 순간이었다. 세 번째 사이클이 이전 사이클들과 다른 점은 이번에는 일반 투자자들이 대거 참여했다는 것이다. 여러 나라에서 공식적으로 인가된 암호화폐 거래소들이 운영되었고, 기관들의 비트코인 매수 규모도 커졌다. 세 번째 사이클이 진행 중일 때 비트코인의 시가총액은 1조 달러를 넘어섰는데, 이는 미국 주식 시장에서도 상위 다섯 개 회사 중 하나의 규모와 맞먹는다. 이전 사이클에서 비트코인을 투기 대상이자 거품으로 여기던 것과는 확연히 다른 모습이었다.

하지만 여전히 많은 사람들이 비트코인의 진정한 가치와 용도를 제대로 이해하지 못했다. 따라서 세 번째 사이클에도 주를 이룬 것은 신기술을 포용하고 리스크를 감수할 준비가 된 공격적인 투자자들이었다. 비트코인이 아직 완전한 주류 자산으로 자리 잡은 것이 아니라, 얼리 어댑터에서 주류화로 넘어가는 과도기 단계였다고 평가할 수 있다.

07

반감기 역사는 답을 알고 있다

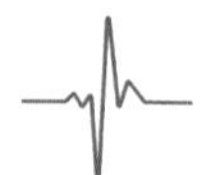

반복되는 반감기 패턴의 양상

지금까지 비트코인의 지난 반감기 역사를 살펴보았다. 총 세 번의 반감기가 있었고, 매번 비슷한 패턴을 형성했음을 확인할 수 있었다.

반감기 전후로 큰 가격 변동은 없지만, 점진적으로 상승하다가 일정 기간이 지나면 폭발적으로 상승했다. 그리고 정점을 찍고는 다시 하락했고, 약세기를 거치고 나면 가격이 바닥을 찍고는 다음 반감기를 향해 반전되었다. 이후로는 다시 이전의 패턴을 그대로 반복하는 과정이 세 차례 되풀이되었다.

■ 과거 비트코인 사이클 당시 최저점부터 최고점까지 가격 역사

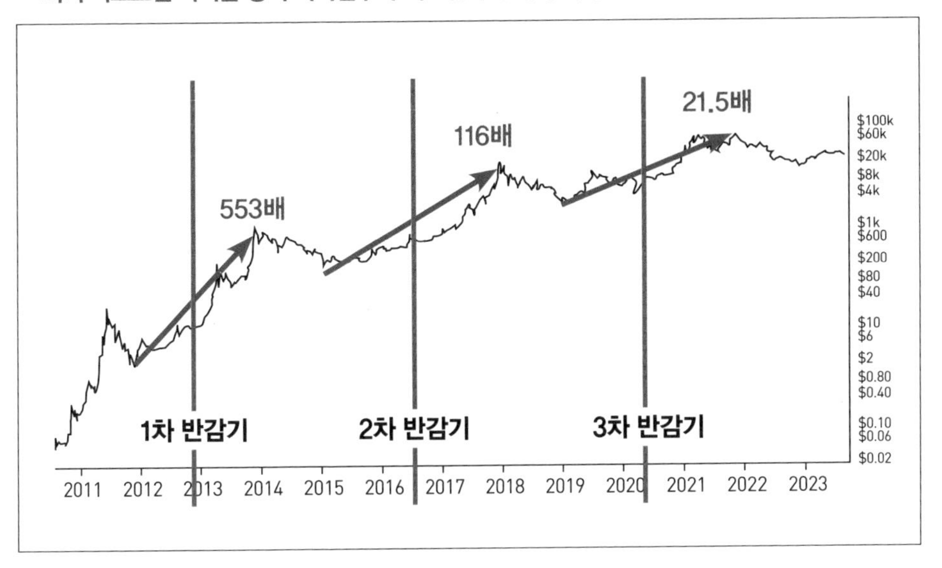

출처: glassnode.com.

1 **반감기 이전:** 큰 가격 변화는 없지만, 반감기 직전부터 조금씩 상승
2 **반감기 초기:** 수 개월간 극적인 가격 상승 없이 점진적으로 상승
3 **반감기 중기:** 반감기 시작 이후 6~12개월 정도부터 본격적인 상승 시작. 대개 1년 이상 지속되며 큰 폭으로 상승
4 **반감기 후기:** 가격이 정점을 찍고 하락으로 전환. 단계적으로 하락하며 약세장으로 진입
5 **다음 반감기 준비기:** 반감기 이후 2년 반~3년 정도 지나면, 가격이 바닥권을 형성하며 다음 반감기를 맞이하여 서서히 상승으로 반전

시장 규모가 커지면서 변동성도 점차 줄어들었다. 그리고 뒤에서 설명하겠지만, 지난 2020~2022년의 세 번째 사이클은 여러 가지 변수로 인해 패턴이 끝까지 이어지지 못했다. 비트코인도 자산이기 때문에 당연히 주변환경에 의해 다양한 변수가 생길 수 있다. 그럼에도 불구하고 최종적으로는 반감기 사이클을 완수했다. 이 정도면 비트코인의 반감기 사이클은 더 이상 우연이 아니다. 그리고 우리는 이제 네 번째 반감기를 눈앞에 두고 있다.

08

반감기와 하이프 사이클

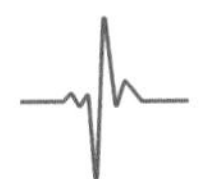

사람들의 심리가 반영되는 반감기

비트코인 가격이 상승한 모양을 살펴보면 공통점이 있다. 가격이 오른 정도와 시기 등 세부적인 내용은 많이 다르지만, 모양새만큼은 세 번의 사이클이 모두 비슷했다. 이는 비트코인의 반감기로 인한 가격 상승효과가 매번 비슷하게 진행되었음을 알려줌과 동시에, 투자자들의 심리가 가격에 큰 영향을 미쳤음을 나타낸다.

■ 비슷한 양상을 보이는 비트코인 1~3차 사이클

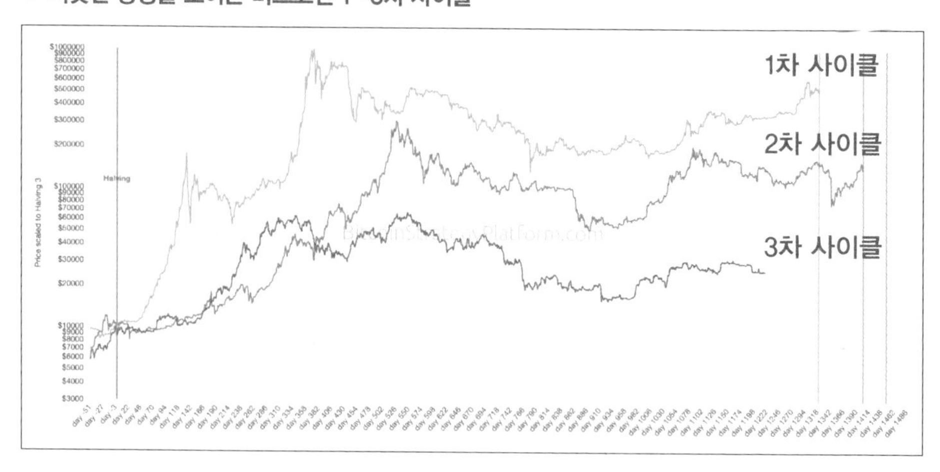

출처: bitcoinstrategyplatform.com.

다음 그림은 가트너의 하이프 사이클이라는 이름으로 매우 잘 알려진 그래프다. 미국의 IT 연구개발 회사인 가트너에서 새로운 기술이 개발되었을 때, 어떤 단계를 거쳐 실생활에서 사용 가능한 기술로 받아들여지는지 그 과정을 나타내기 위해 만든 그림이다. 그런데 이 하이프 사이클은 사실 투자시장에서도 굉장히 많이 인용된다. 인간의 심리가 아주 잘 드러나기 때문이다.

새로운 기술이 개발되면 초기에는 이 기술로 인해 얻게 될 장밋빛 미래를 그리며 언론과 기술계로부터 각광을 받는다(기술 촉발). 관심이 집중되는 와중에 일부 기업이 실제로 비즈니스화를 시도하지만 대부분 실패한다(부푼 기대의 정점). 실패 사례가 몇 번 겹치면서 이내 관심이 시들해지며 투자가 줄어든다(환멸). 장기적인 비즈니스 모델로 개발을

■ 하이프 사이클 by 가트너

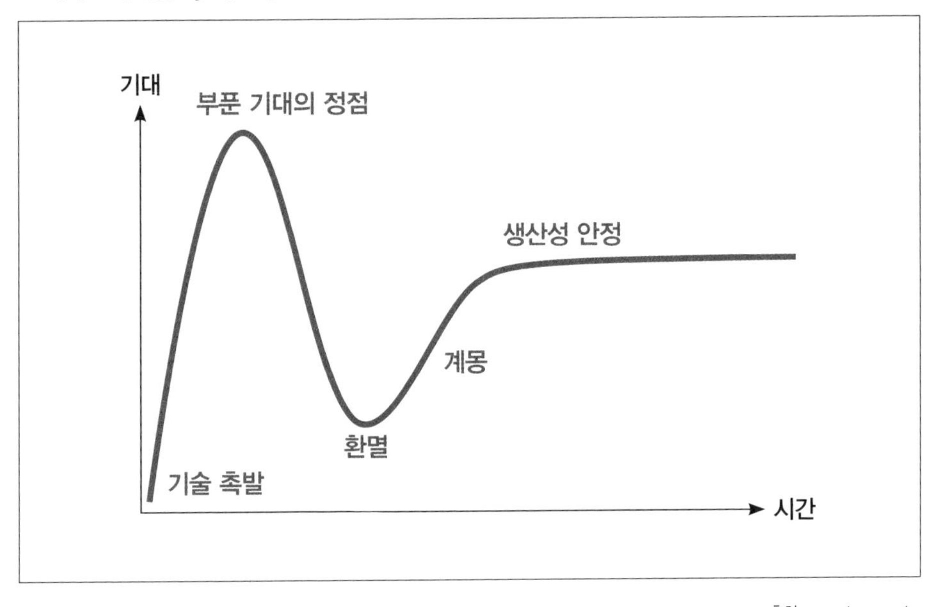

출처: www.slownews.kr.

지속하는 몇몇 기업만이 연구개발을 이어간다. 프로토타입의 문제점을 개선해 제대로 된 제품들이 출시되며 본격적으로 시장을 형성한다(계몽). 여러 기업들이 새로운 제품을 연달아 내놓으면서 주류 기술로 자리 잡는다(생산성 안정).

이 과정이 투자시장에서도 그대로 재현된다. 인간의 심리는 똑같기 때문이다.

어떤 자산이 언론과 투자자의 관심을 받으면 수요가 발생하면서 가격이 오르기 시작한다(기술 촉발). 가격이 일정 수준으로 오르면, 더 많은 관심을 받고 수요가 집중되며 더 빨리 오른다. 가격이 급등하면 투기 세력이 몰리면서 더욱 큰 가격 상승을 이끌어낸다. 그러다가 어느 순간 가격이 지나치게 올라 새로운 투자자가 더 이상 유입되지 않으면서 가격이 하락하기 시작한다(부푼 기대의 정점). 탈출하려는 투자자들이 몰리면서 가격은 더욱 빠르게 하락하고, 패닉에 빠진 투자자들이 앞뒤 볼 것 없이 투매하면서 원래 가치보다 더 크게 하락한다(환멸). 그러다가 단기적인 시세차익을 노리고 들어왔던 투자자들이 모두 팔고 나가서 더 이상 팔 사람이 남아 있지 않으면, 그때부터 가격이 서서히 반등한다(계몽). 가격이 자산의 원래 가치에 합당한 수준까지 오르면서 안정적인 변동성을 갖게 된다(생산성 안정).

과거 비트코인의 반감기 사이클에 의한 가격변화를 하이프 사이클과 비교해 보면 거의 똑같은 모양이라는 것을 쉽게 알 수 있다. 반감기가 공급 충격을 만들어내면서 가격 상승을 이끌고, 가격이 오르기 시작하면 투기세력이 달라붙으면서 폭등한다. 그러다 가격이 거품 수준으로 치솟으면 더 이상 투자하려는 사람이 없어지면서 하락하고, 투기세력이 모두 빠져나가면서 폭락한다. 지나치게 하락한 가격은 이내 제자리를 찾아가고, 안정적인 가격흐름을 보이다가 4년 뒤 다음 반감기를 맞이해 다시 위의 과정을 되풀이한다.

09

네 번째 반감기가 다가온다

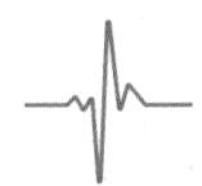

4차 반감기로 향하는 비트코인

그렇다면 이제 어떻게 될까? 2023년 하반기 기준으로 이 사이클은 완전히 동일하게 작동하고 있다(뒤 페이지 그래프의 화살표 부분 참조). 자, 그럼 이제 앞으로 남은 부분의 그래프는 어떻게 될까? 지난 사이클들과 같은 패턴을 보이지 않을까?

이처럼 비트코인 반감기 사이클은 명확하게 패턴을 형성한다. 이미 세 번이나 같은 일이 일어났고, 이제 네 번째로 같은 일이 벌어지려고 한다. 심지어 2023년까지는 지난 반감기들과 거의 유사한 양상을 보여 주었다. 그렇다면 2024년에서 2025년에 걸쳐 일어날 네 번째 반감기

■ 2023년 말 기준 네 번째 비트코인 사이클의 진행 상황

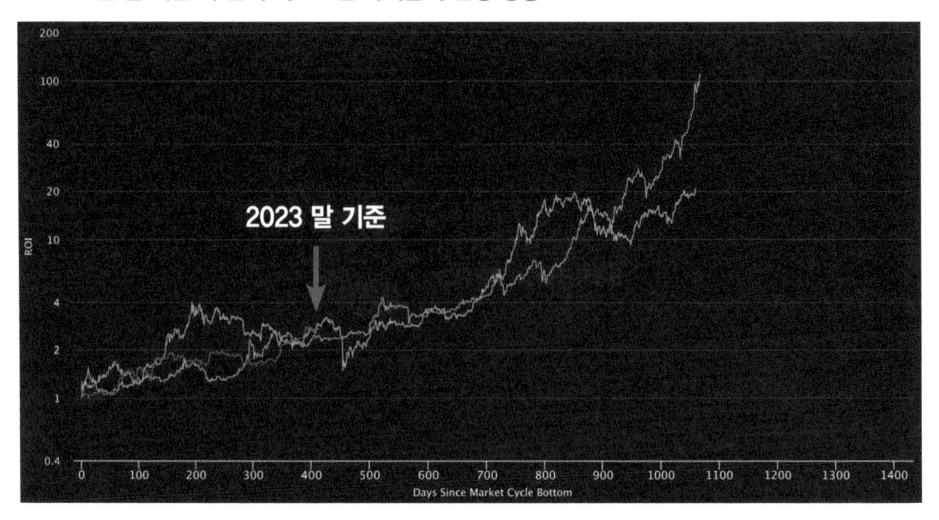

4차 반감기로 향하는 모습은 지금까지 나타난 반감기 패턴과 유사하다(분홍색 선).

출처: bitcoinstrategyplatform.com

사이클에서도 유사한 패턴이 발생한다고 봐야 합당하다.

이제 내가 왜 비트코인 반감기의 규칙을 알고 나면 결말을 미리 알고서 영화를 보는 것처럼 편안하게 지켜볼 수 있다고 말했는지 이해가 갈 것이다. 매번 뚜렷한 인과관계를 가지고 명확한 패턴을 형성했기 때문이다. 물론 투자의 세계에서는 어떤 일이든 일어날 수 있다. 내일 당장 세계 3차 대전이 일어난다면 반감기 사이클이고 뭐고 다 엉망진창이 될 것이다. 이처럼 세상에 100%란 건 존재하지 않는다. 따라서 냉정하게 가능성을 점검하고 본인의 자금 사용계획에 따라 적절하게 리스크를 분배하며 투자해야 한다. 이 사실을 망각하고 앞뒤 잴 것 없이 막무가내로 투자했다가는 크게 낭패를 볼 것이다. 제대로 된 투자를 하기

위해서는 위험 대비 보상의 확률을 적절히 판단해야 할 필요가 있다.

지금까지 비트코인의 과거 역사와 반감기에 숨은 비밀을 살펴보았다. 이제부터는 비트코인의 새로운 반감기인 네 번째 반감기의 가능성과 리스크에 대해 본격적으로 알아보자.

CHAPTER3

인생을 바꿀 거대한 기회가 온다!
4차 반감기

■ 비트코인 슈퍼 사이클 주요 촉매:
비트코인 4차 공급량 반감기 + 글로벌 유동성 증가(금리인하) + 미국 현물 ETF 승인(대규모 채택)

비트코인 슈퍼 사이클이 시작되면 무슨 일이 벌어질까? 투자 기회는 쌀 때 잡아야 한다. 그렇지만 사람들은 늘 비싸지면 뒤늦게 달려든다. 그래서 돈을 벌지 못한다. 지금 우리 앞에 거대한 기회가 또 한 번 다가오고 있다. 이런 기회가 언제 다시 주어질까? 그동안 수많은 기회를 놓쳐왔다면 부디 이번에는 당당하게 맞서길 바란다.

10

반감기가 다가온다는 증거

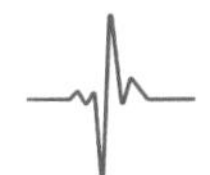

반감기 전조 현상

그렇다면 아마 이런 질문이 생길 것이다.

"이번에도 반감기 사이클이 다가온다는 징조가 있을까?"

좋은 질문이다. 과거가 미래를 보장해 주지는 않는다. 따라서 의심하고 가능성을 점검하는 자세는 매우 바람직하다. 이 질문은 시간을 들여 충분히 살펴볼 가치가 있다. 과거 비트코인 반감기를 되돌아봤을 때 사이클이 오기 직전에 어떤 전조 현상은 없었을까? 만약 특정한 전조 현상을 발견할 수 있다면, 이를 통해 앞으로 다가올 사이클들의 발생 여부를 미리 파악할 수 있지 않을까? 지금부터 함께 알아보자.

1. 가격의 추세 전환

우선 첫 번째로 살펴볼 것은 가격의 추세다. 지금까지 반감기가 비트코인의 가격을 크게 높여 왔다면, 분명 반감기 이전에도 가격에 무언가 징후가 나타났을 것이다. 가격의 징후를 파악하려면 넓은 시야로 추세를 추적할 필요가 있다. 단기적인 가격 변동만으로는 흐름을 읽을 수 없다. 그럼 거시적인 추세는 어떻게 파악할까? 가장 쉽고 간단한 방법이 있다. 바로 추세선을 그려 보는 것이다.

비트코인 가격은 매번 반감기가 지난 후 정점을 찍고 나면 일정 기간 하락추세로 전환했다. 아래 그림의 막대선이 가격이 하락추세일 때 가격의 고점을 연결한 선이다. 고점이 지속적으로 하락하면서 가격이

■ 과거 사이클 당시 가격 추세의 전환 시점

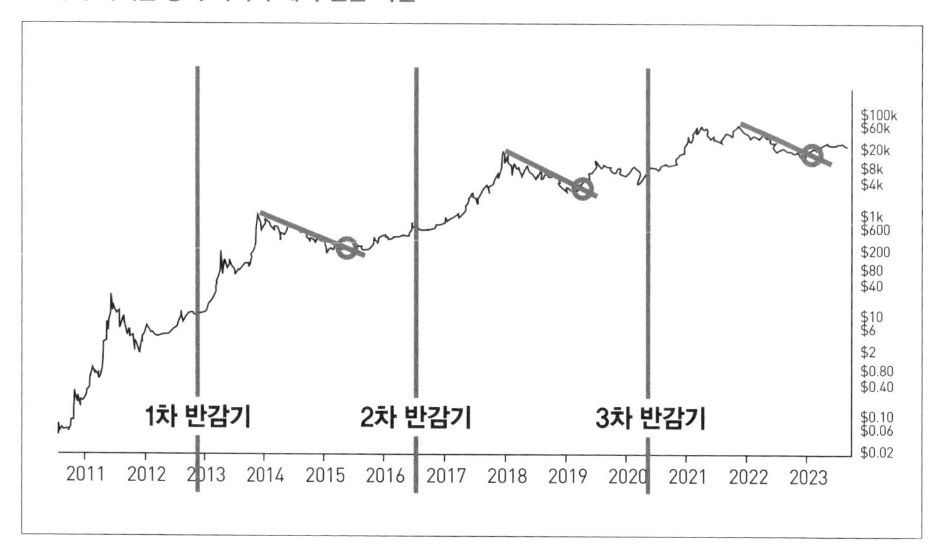

출처: glassnode.com

계속 약세인 것을 확인할 수 있다. 그러다가 다음 반감기를 얼마간 남겨두고 돌연히 가격이 하락추세선을 상향 돌파했다(동그라미 부분 참조). 그러고 나서는 가격이 점점 오르다가 반감기를 통과한 뒤 본격적으로 상승했다.

그럼 이번에는 어떨까? 비트코인 가격은 바로 직전 반감기 사이클이었던 세 번째 사이클에서 2021년 11월에 정점을 찍었다. 이후로는 이전 사이클들과 마찬가지로 가격이 하락한 것을 확인할 수 있다. 그러다가 2023년 1월 고점이 높아지면서 가격의 추세가 바뀌었다. 이 부분을 확대해서 조금 더 자세히 살펴보자.

■ **3차 반감기에서 4차 반감기로의 가격 추세 전환**

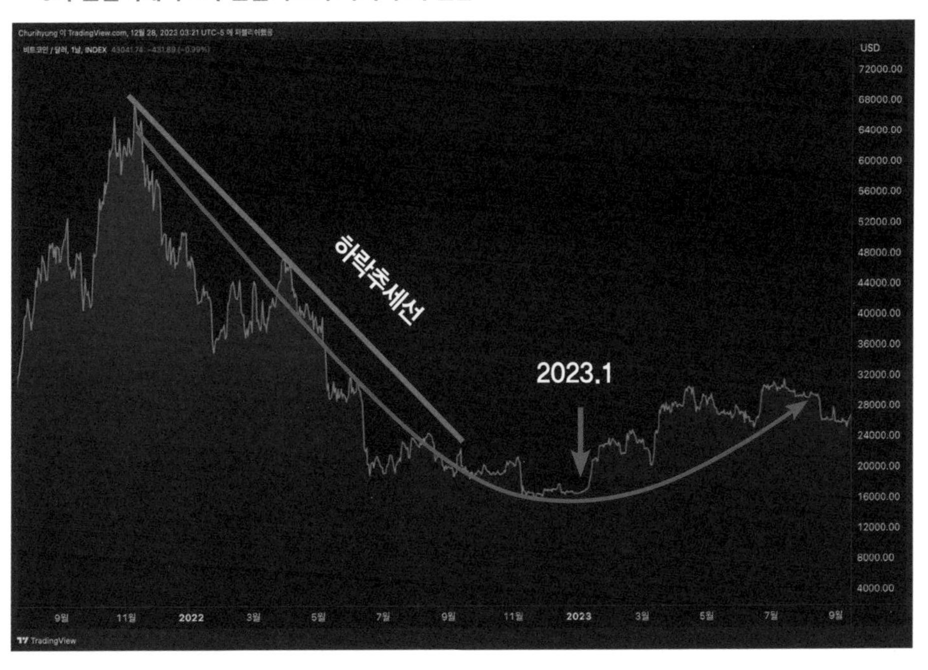

출처: webull.com.

어떤가? 가격의 추세가 바뀐 것이 확실히 보이는가? 이처럼 명확하게 가격의 추세가 바뀐 것을 알 수 있다. 왜 바뀌었을까? 답은 이전 반감기들에 이미 나타나 있다. 다음 반감기가 다가오면서 시장이 서서히 가격을 올리기 때문이다. 즉, 팔려는 사람은 줄어들고 사려는 사람은 늘어난다. 그러므로 반감기를 앞두고 가격의 약세가 끝나면서 추세가 바뀌었다는 점, 그 자체를 투자자들이 새로운 반감기를 준비하고 있다는 증거로 받아들여도 무방할 것이다.

2. 지난 사이클과 유사한 모양

두 번째로는 지난번 사이클들의 모양을 직접 비교해 본다. 비트코

■ **1차, 2차, 3차 사이클 가격 추세**

출처: bitcoinstrategyplatform.com.

인 반감기 사이클이 반복되는 패턴이라면 분명 모양도 유사할 것이다. 옆의 그래프를 보자. 앞에서 하이프 사이클을 다룰 때 이미 살펴봤듯, 2023년 하반기 기준으로 이전의 사이클들과 거의 유사한 하이프 사이클의 모양을 완성해 나가고 있다.

2021년 말 '부푼 기대'의 정점을 찍었던 가격은 2022년 '환멸'의 단계를 지나 2023년 상반기 '계몽' 단계로 접어들면서 가격의 추세가 하방에서 상방으로 바뀌었고, 2023년 하반기는 '생산성 안정'의 단계인 것으로 생각된다. 모양이 이렇게 비슷하다면 이번에도 비트코인 사이클이 순조롭게 진행 중이라고 생각할 수 있지 않을까?

3. 100일 이동 평균선 돌파

다음으로 살펴볼 것은 비트코인 가격의 이동 평균선이다. 이동 평균선이란 특정한 기간의 가격 변동 평균을 그래프로 나타낸 것이다(자세한 것은 바로 뒤에서 알아보겠다).

100일간의 가중 평균 가격(100 EMA)을 기준으로 하여 이보다 위에 있을 땐 시장이 강세이고 이보다 낮을 땐 약세인데, 이 시기가 각 사이클의 바닥 부분임을 알 수 있다. 그러다가 가격이 100일 이동 평균선을 돌파하여 상방으로 올라설 때가 새로운 반감기 사이클이 시작되는 트리거로 작용했음을 확인할 수 있는데, 2023년 3월에도 그 트리거가 발동했다. 가격이 100일 이동 평균선을 상향 돌파한 것이다. 이것은 매우 긍정적인 신호로 생각할 수 있다.

■ 비트코인 가격과 100일 이동 평균선

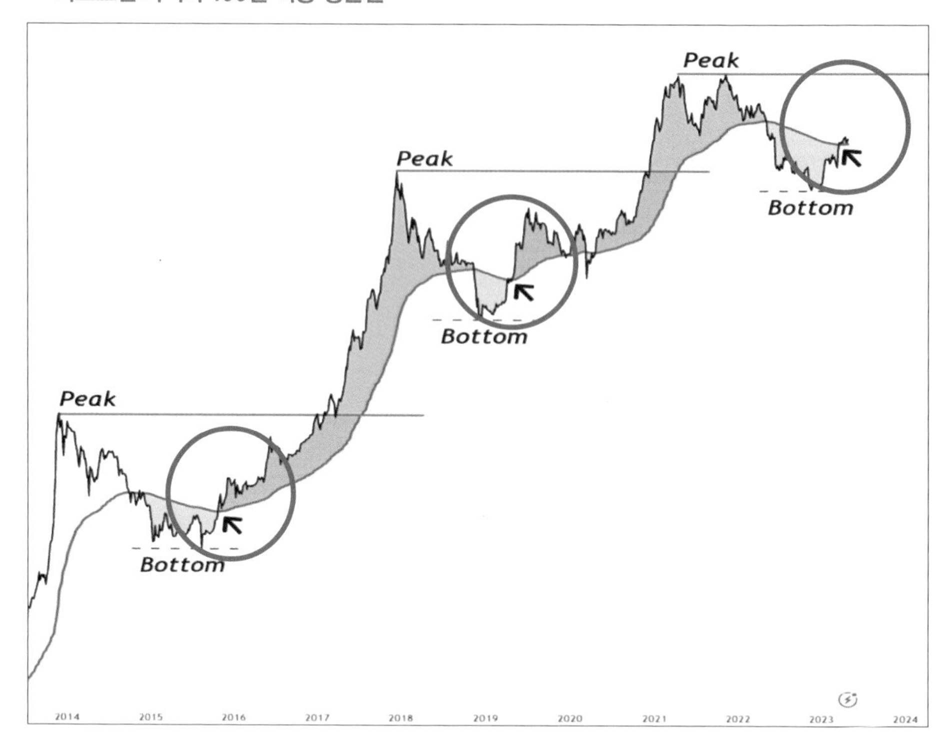

출처: tradingview.com.

곁들이면 좋은 지식

이동 평균선은 꼭 알아두자!

이동 평균은 영어로 Moving Average, 줄여서 MA로 표시하며, 문자 그대로 특정 기간의 평균 움직임을 뜻한다. 차트에서 말하는 움직임이란 곧 가격이므로, 이동 평균을 특정 기간의 평균 가격으로 생각해도

■ 50일 이동 평균선 예시

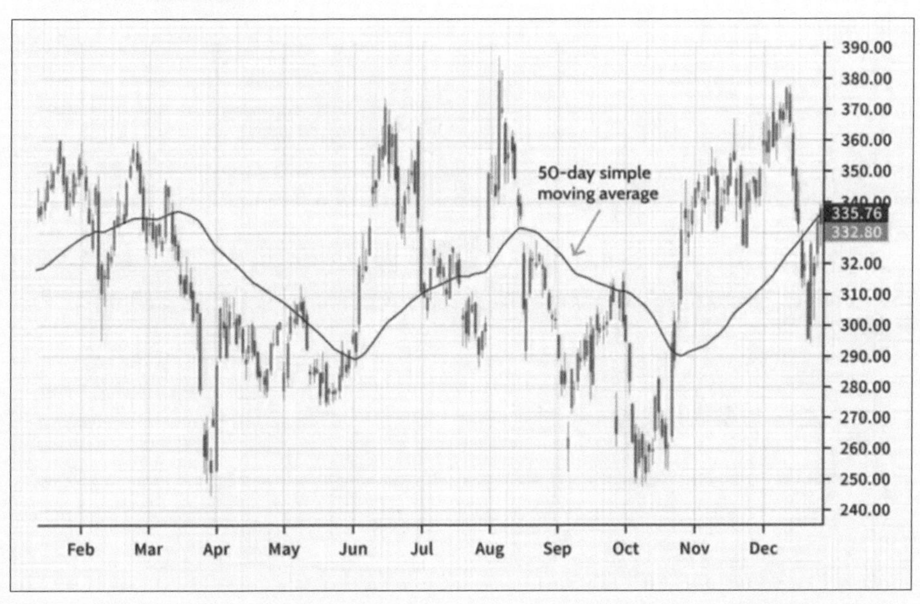

출처: Investopedia.com

무방하다. 그리고 이것을 차트에 선으로 표시한 것이 바로 이동 평균선이다. 예를 들어, 50일 이동 평균이라고 하면 최근 50일간의 가격 평균을 뜻한다. 가격은 보통 각 거래일의 종가를 사용한다.

어느 특정 기간의 평균 가격을 액면 그대로 계산한 값을 단순 이동 평균(SMA: Simple Moving Average)이라고 한다. 말 그대로 특정 기간의 완전한 평균값이다. 반면에 지수 이동 평균(EMA: Exponential Moving Average)은 최근 가격에 가중값을 주어 계산하는 방식이다. 예를 들어 50일 EMA라고 하면, 최근 50일간의 평균값 중 최근 가격에 더 가중치를 준다. 가중치의 계산식은 아래와 같다.

$$K \times (\text{오늘 종가} - \text{어제 EMA}) + \text{어제 EMA}$$

$$K = 2 / (\text{날짜수} + 1)$$

예를 들어, 20일 EMA라고 하면 마지막인 20일 종가에 2/(20+1) = 9.524%의 가중치를 주기 때문에 최근 값의 비중이 높아지는 식이다. 이렇게 최근 값의 비중이 높아지면 어떤 현상이 일어날까? 최근의 가격 변화에 조금 더 민감하게 반응하게 된다. 따라서 단기 트레이더는 보통 EMA를 선호하고, 중장기 투자자나 모멘텀 트레이더는 평균값을 정확히 알 수 있는 SMA를 선호한다.

■ 이동 평균의 역할

■ 나스닥 지수와 50일 단순 이동 평균(SMA)

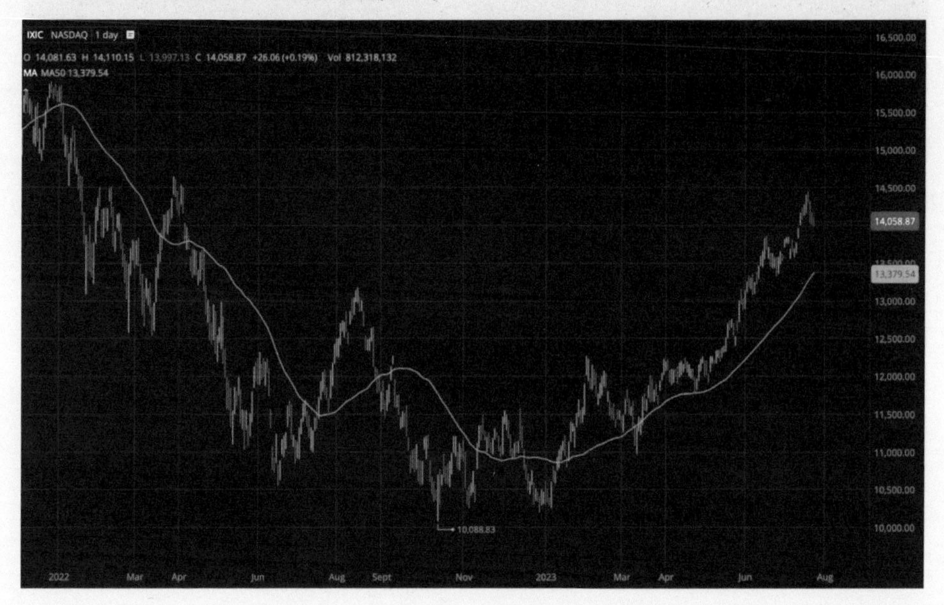

출처: webull.com.

그렇다면 이동 평균을 사용하는 근본적인 취지는 무엇일까? 이동 평균의 가장 중요한 역할은 추세를 확인하는 것이다. 위 그림은 나스닥의 가격 차트와 50일 SMA다. 보다시피 그림의 전반부(좌측)에서는 확연한 하락추세를 확인할 수 있고, 후반부(우측)에서는 확연한 상승추세를 확인할 수 있다. 이처럼 이동 평균을 이용하면 가격의 큰 방향, 즉 추세가 어떻게 흘러가고 있는지 한눈에 알아볼 수 있다. 짧은 기간의 이동 평균을 사용하면 단기적 추세를, 오랜 기간의 이동 평균을 사용하면 장기적 추세를 알 수 있다.

■ **50일 단순 이동 평균(SMA)의 저항과 지지**

출처: webull.com.

이동 평균의 또 다른 역할은 지지선과 저항선을 확인하는 것이다. 이동 평균은 말 그대로 평균 가격이고, 평균 가격이란 곧 투자자들이 해당 가격에 많이 몰려 있다는 뜻이다. 이를 가리켜 흔히 매물대라고 얘기한다. 투자자들이 많이 몰려 있다면 그 가격은 지지 또는 저항의 역할을 하기 쉽다. 위의 그림을 보면 50일 SMA가 좌측 부근에서는 저항의 역할을, 우측 부근에서는 지지의 역할을 한 것을 볼 수 있다. 왜 이런 일이 일어날까?

어떤 가격대에 투자자가 많이 몰려 있다고 해보자. 그런데 가격이 떨어졌다가 다시 올랐다. 그러면 그동안 평가손실을 겪던 투자자들이 본인이 산 가격으로 되돌아왔으니, 본전을 찾기 위해 팔려고 할 것이다. 그래서 가격이 저항을 받아 하락하기 쉬워진다. 반대로 가격이 올랐다고 해보자. 낮은 가격에 산 투자자들은 추가로 매수하려고 하지 않을 것이다. 그러다가 가격이 내려서 본인이 산 가격까지 내려오면 그제야 매수한다. 그래서 가격이 지지를 받고 상승하기 쉬워진다. 이처럼 특정 가격대에 매물이 많이 몰려 있으면, 매수세나 매도세가 그 매물을 모두 소화해야만 가격이 올라가거나 내려간다.

그럼 이동 평균은 어느 기간을 많이 사용할까? 그건 투자자 각자의 타임라인에 따라 달라진다. 단기 투자자라면 최근 추세가 중요할 테고,

■ 20일, 50일, 200일 이동 평균선

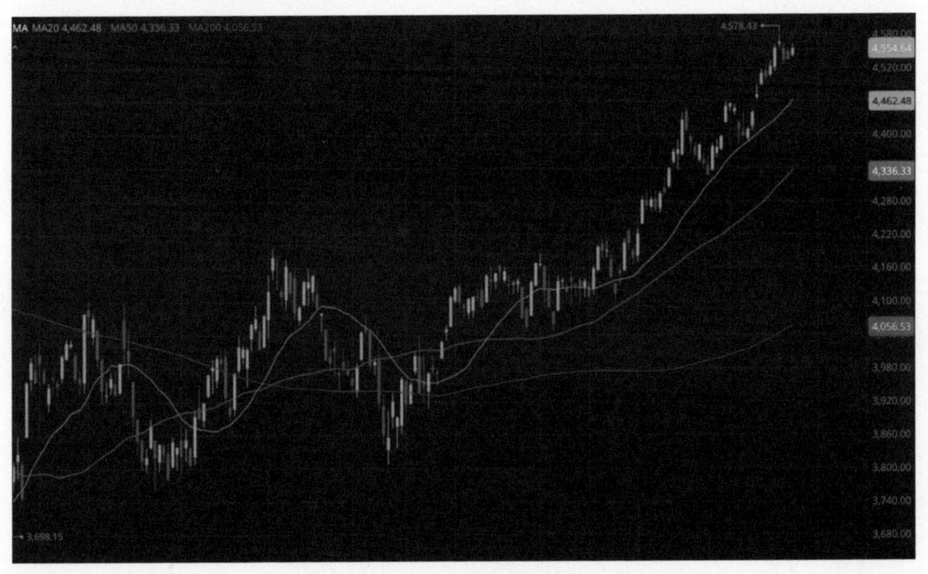

오른쪽 위에서부터 20일(노란색), 50일(파란색), 200일(빨간색) 이동 평균선이다.

출처: webull.com.

중장기 투자자라면 짧은 추세보다는 더 긴 추세가 중요할 것이다. 따라서 각자의 타임라인에 따라 기간을 정하면 된다. 일반적으로 가장 많이 사용하는 이동 평균은 20일, 50일, 200일인데 각각 단기, 중기, 장기적 추세를 보기 위한 기간이라고 생각하면 된다.

이동 평균을 볼 때 가장 중요하게 생각하는 신호 중 하나가 골든 크로스Golden Cross와 데드 크로스Dead Cross인데, 한국에서는 왠지 모르게 데드 크로스로 부르는 게 일반적이다. 아래 그림 좌측에서 보다시피 단기 이동 평균선이 장기 이동 평균선을 하향 돌파하는 순간을 데드 크로스라고 하며, 보통 추세가 약세로 돌아서는 것을 의미한다. 반면에 우측에 보이는 것처럼 단기 이동 평균선이 장기 이동 평균선을 상향 돌파하는 것을 골든 크로스라고 하며 추세가 강세로 진입하는 것을 의미한다.

■ 골든 크로스 vs. 데드 크로스

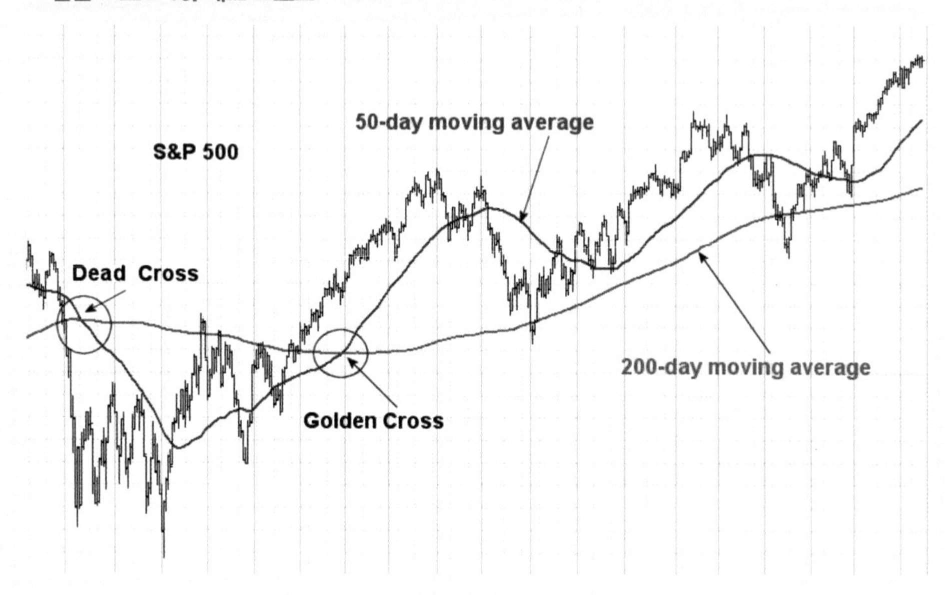

출처: bigtrend.com.

기간은 각자 선호하는 기간의 이동 평균선을 기준으로 보면 되지만, 일반적으로 단기 이동 평균선은 50일 MA를, 장기 이동 평균선은 200일 MA를 사용한다. 아마도 투자자들이 이 정도 기간을 가장 객관적으로 추세를 볼 수 있는 타임라인으로 여기기 때문이 아닌가 생각된다.

▪ 이동 평균의 한계

모든 보조지표가 그렇듯이 이동 평균도 결국은 '후행성'이라는 한계를 가지고 있다. 과거 가격을 통해 산출되는 지표이다 보니, 미래를 예측하는 도구는 되지 못한다. 어디까지나 '추세의 확인' 정도의 의미가 있을 뿐이다. 따라서 이동 평균을 보면서 미래를 예측하려고 하는 것은 룸미러를 보면서 운전하려는 것과 같다. 단기적 가격 변화는 어떠한 방법으로도 예측이 불가능하다. 가격 움직임에 집착하기보다 자산의 본질적 가치에 집중해야만 하는 이유다.

4. 주요 추세 전환선의 일시적 돌파

다음으로 살펴볼 것은 주요 추세 전환선이다. 마치 영토에 선 긋기를 하듯 흐름이 강세일 때와 약세일 때를 분명하게 나누는 선이 바로 추세 전환선이다.

비트코인 가격이 정점을 찍은 후 계속 하락하다가 완전히 바닥을 치고 다시 상승하기 시작하여 이전 강세장의 바닥선인 목선neckline을 통과하는 순간이 있다. 바로 그 순간이 본격적으로 다음 반감기 사이클이 시작되는 지점이다. 이 목선의 가격은 대략 3만 달러 정도인데 2023년

■ 비트코인 가격의 주요 추세 전환선 일시 돌파

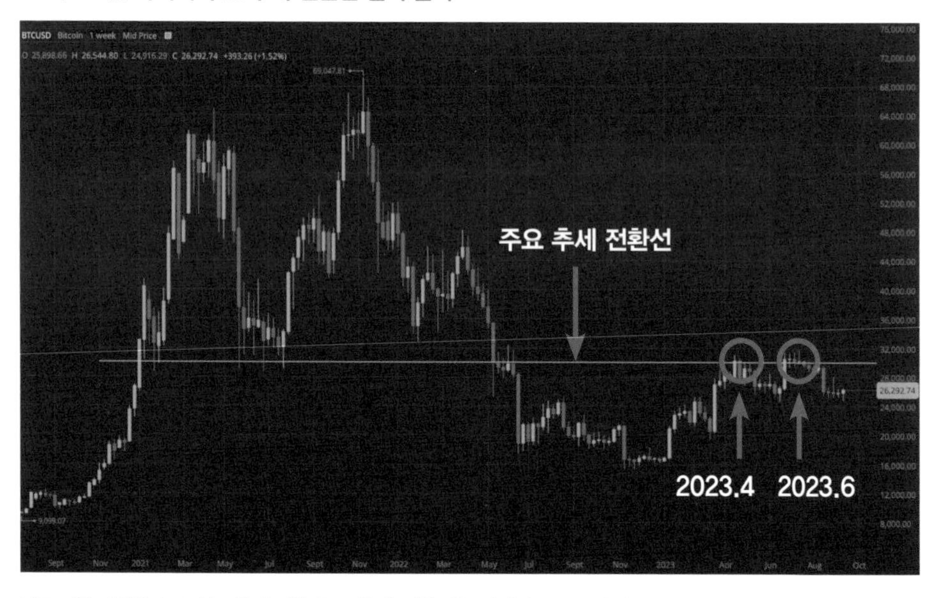

비트코인 가격은 2023년 4월과 6월, 주요 추세 전환선을 일시적으로 돌파했다.

출처: webull.com.

4월과 6월, 두 차례에 걸쳐 목선을 일시적으로 돌파했다. 목선을 두 차례나 돌파했다는 것은 이미 다음 반감기 사이클이 시작되었다는 것을 알리는 신호다. 마치 냄비 안의 물이 끓기 시작하면 뚜껑이 조금씩 들썩거리듯, 가격이 들끓기 전에 추세 전환선을 여러 차례 넘나든다.

5. 월간 MACD 반등

MACD란 이동 평균 수렴 발산**Moving Average Convergence Divergence**의 약자다. 주식을 포함한 여러 투자 시장에서 기술적 분석에 사용되는 대표적 지표로서, 가격의 추세 및 흐름을 분석하며 특히 매수 및 매도 시점을 식별하는 용도로 많이 사용된다. MACD가 특정 시그널 지점을 상향

■ **비트코인 월간 MACD**

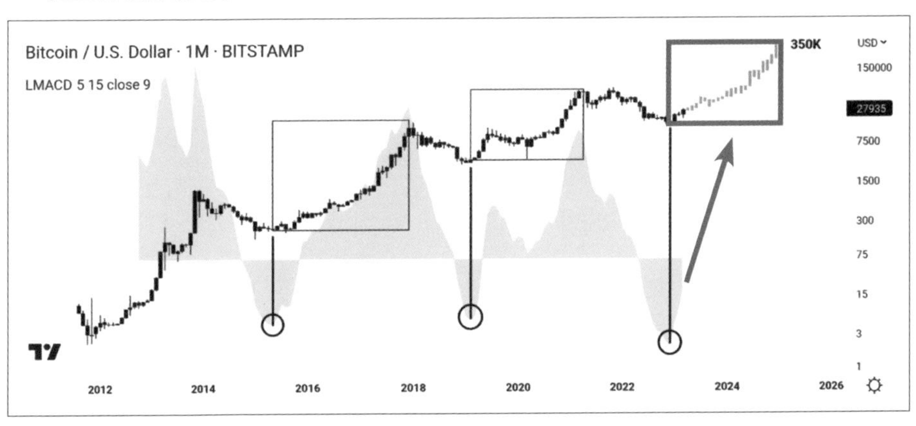

비트코인 월간 MACD가 2023년부터 반등하고 있다.

출처: tradingview.com

돌파하면 매수 신호, 하향 돌파하면 매도 신호로 삼는 경우가 많다.

비트코인의 월간 MACD가 바닥을 찍고 반등하면 이전의 사이클이 종료되고 새로운 사이클이 시작된다는 신호다. 이번에도 2022년 말 이 신호가 바닥을 찍었고 이후 반등하고 있다. 따라서 새로운 사이클이 시작된 것으로 판단할 수 있다.

6. 월간 RSI가 50 이하로 하락

RSI**Relative Strength Index**(상대 강도 지수)는 투자 시장에서 가장 많이 사용되는 기술적 분석 지표 중 하나다. 가격의 상승과 하락에 따른 과매수**overbought**와 과매도**oversold** 상태를 파악하는 데 용이하다. RSI는 0에서 100 사이의 값을 가지는데, 이 값이 70 이상이면 가격이 과매수 상태이고 추가 상승 여력이 적다고 할 수 있다. 반대로 RSI 값이 30 이하이면 가격이 과매도 상태에 있다는 것을 나타내며, 반등할 가능성이 높다는 신호로 볼 수 있다. 다만, RSI 하나만을 매수나 매도의 신호로 삼는 것은 위험하고, 다른 여러 가지 상황을 종합하여 고려해야 한다.

비트코인의 월간 RSI가 중립지점인 50 이하로 떨어지는 구간이 각 사이클의 전환점이 된다. 이후 RSI가 바닥을 찍고 중립지점 위로 다시 올라오면 사이클 전환이 완료되었으며, 새로운 사이클이 시작된다는 신호로 볼 수 있다. 비트코인은 2023년 1월에 이 지점을 돌파했다. 따라서 새로운 사이클이 시작되었다고 해석할 수 있다.

■ 비트코인 월간 RSI

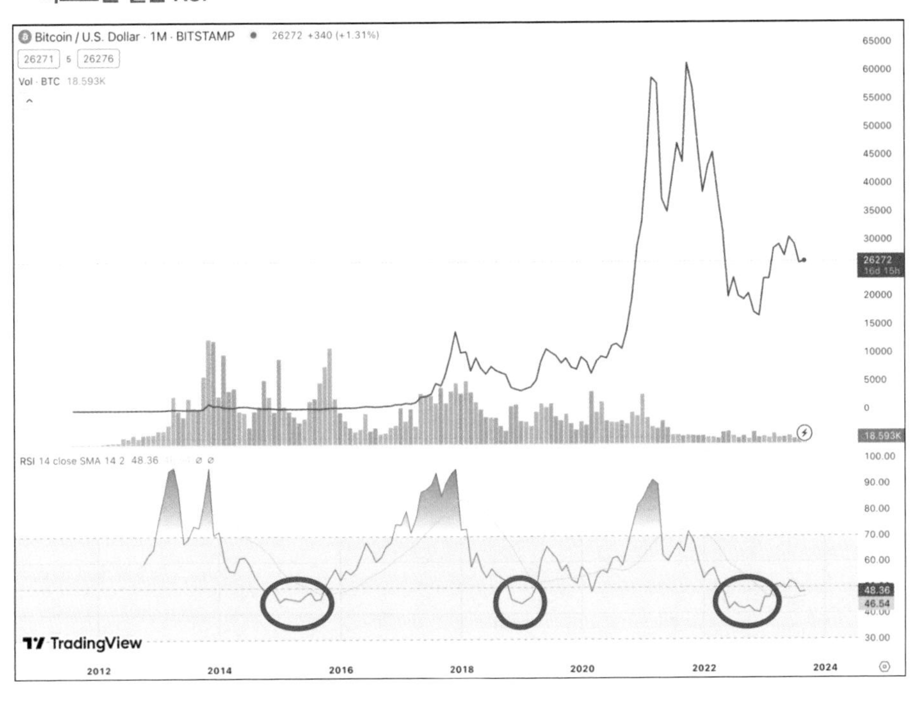

비트코인 월간 RSI가 2022년 말 50 이하로 하락했다.

출처: tradingview.com.

7. MVRV 값이 1 이하까지 하락했다가 1을 상향 돌파

MVRV는 코인의 시가총액을 실현 시가총액으로 나눈 값으로, 현재 코인 가격이 고평가 혹은 저평가되어 있는지를 나타내는 지표다. 다음 페이지 그래프의 동그라미 부분을 보면 MVRV가 1을 상향 돌파하며 새로운 사이클의 시작을 알리고 있다. 이는 명백하게 지난 사이클의 최종

■ 비트코인 MVRV

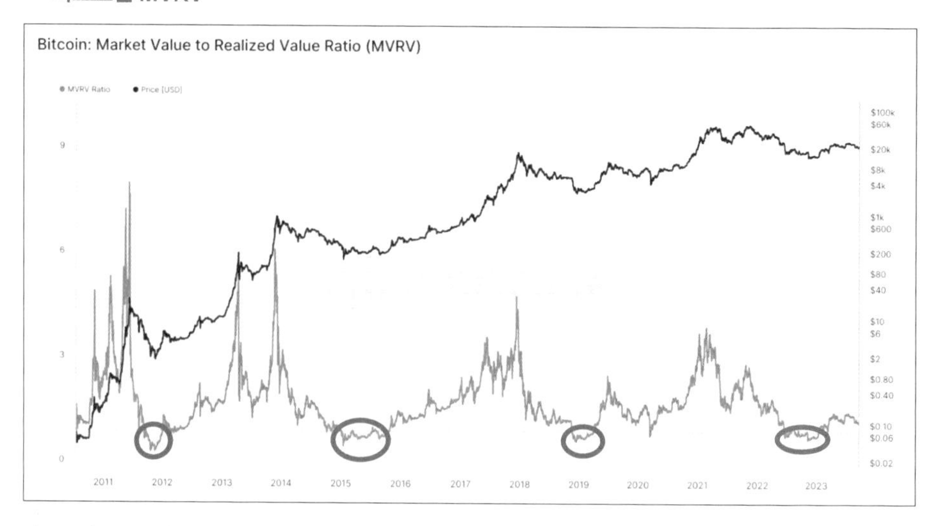

비트코인 MVRV가 2023년 초 1을 상향 돌파했다.

출처: glassnode.com.

하락장이 종료되고, 새로운 사이클의 상승장이 시작됨을 알리는 신호로 해석된다. MVRV는 비트코인 사이클의 전체 추세를 파악할 때 상당히 신빙성 있는 자료이자 대표적인 추세 지표로 인정받고 있기 때문이다.

마지막으로 비트코인의 전체 시가총액을 각 거래 시점의 비트코인 가격을 모두 더한 값으로 나눈 MVRV의 값이 1 이하(전체 시장이 손해를 보고 있다는 뜻)까지 하락했다가 1 위로 다시 올라올 때를, 약세장이 끝나고 다음 사이클을 향해 새로운 추세가 본격적으로 시작되는 전환 타이밍으로 본다. 사이클마다 어김없이 같은 일이 일어났으며, 이번에는 2023년 1월에 MVRV가 1을 상향 돌파하며 새로운 사이클의 시작을 알렸다.

결들이면 좋은 지식

비트코인 가격의 거품과 바닥을 알려주는 MVRV

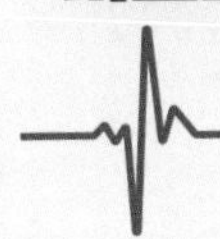

MVRVMarket Value to Realized Value는 비트코인의 과매수, 과매도 정도를 살펴볼 때 가장 대표적으로 사용하는 지표이므로 꼭 알아둘 필요가 있다. MVRV를 한마디로 설명하면 시가총액을 실현 시가총액으로 나눈 값이다.

$$\text{MVRV Ratio} = \frac{\text{시가총액(Market Cap)}}{\text{실현 시가총액(Realized Cap)}}$$

그렇다면 실현 시가총액은 무엇일까? 실현 시가총액을 알기 위해선 우선 실현 가격부터 알아야 할 필요가 있다.

(계산을 쉽게 하기 위해 대전제로 이 지구상에 총 5개의 비트코인만이 존재한다고 가정하고, 현재 비트코인 가격이 20,000달러라고 해보겠다.)

실현 가격 Realized Price: 각 비트코인이 거래되었던 마지막 가격을 모두 더한 뒤, 현재 발행된 비트코인의 수로 나눈 값. 풀어서 설명하면 다음과 같다. 1번 코인이 마지막으로 거래된 가격이 10,000달러, 2번 코인은 13,000달러, 3번 코인은 15,000달러, 4번 코인은 18,000달러, 5번

코인은 20,000달러라고 한다면(마지막 거래 가격이 곧 현재 시장 가격이 된다), 실현 시가총액은 (10,000 + 13,000 + 15,000 + 18,000 + 20,000) / 5 = 15,200달러로 계산된다. 쉽게 말해 실현 가격이란 현재 비트코인 시장의 평균적인 구매가격(평균단가)이라고 생각하면 된다.

그렇다면 실현 시가총액을 구하는 것은 쉽다.

실현 시가총액Realized Cap: 비트코인 실현 가격에 발행된 비트코인의 수량을 곱한 값. 그럼 그냥 시가총액과는 어떻게 다를까? 위의 대전제를 기반으로 하면, 시가총액은 20,000 × 5 = 100,000달러가 된다. 하지만 실현 시가총액은 다르다. 실현 가격 15,200 × 5 = 76,000달러로 계산된다.

따라서 다음과 같이 정리할 수 있다.

실현 시가총액 < 현재 가격: 고평가(평균 구매가격보다 현재 가격이 비싼 상태)
실현 시가총액 > 현재 가격: 저평가(평균 구매가격보다 현재 가격이 싼 상태)

이 비율을 숫자로 표시한 지표가 MVRV다. 예를 들면 다음과 같다.
(유통량은 시가총액이든 실현 시가총액이든 같기 때문에, 꼭 시가총액 vs. 실현 시가총액으로 비교하지 않고 현재 가격 vs. 실현 가격으로 비교해도 결과 값은 같다.)

$$\frac{\text{30,000달러(현재 가격)}}{\text{20,000달러(실현 가격)}} = \text{MVRV 1.5}$$

MVRV가 1.5란 것은 시장의 평균 구매가격 대비 현재 시장에서 거래되는 가격이 1.5배 비싸다는 뜻이다. 그렇다면 비트코인 보유자들이 평균적으로 50% 정도 이익을 보고 있다는 뜻이므로 매도 압력이 더 강할 것으로 추측하는 것이 일반적이다. 하지만 꼭 그렇지만은 않다. 투자자들의 평균적인 수익률이 매도 압력을 결정하는 전부는 아니다. 약간 이익을 얻고 있다고 해서 바로 매도해 버리는 투자자는 많지 않기 때문이다.

비트코인을 반감기 4년 주기로 바라봤을 때 평균 MVRV는 1.7 정도다. 그러니까 일반적으로 평균 구매가격 대비 1.7배 정도 비싼 상황은 보통 수준이라는 얘기다. 따라서 투자자들이 수익을 70% 얻고 있다고

■ **MVRV로 확인하는 시장 바닥과 시장 고점**

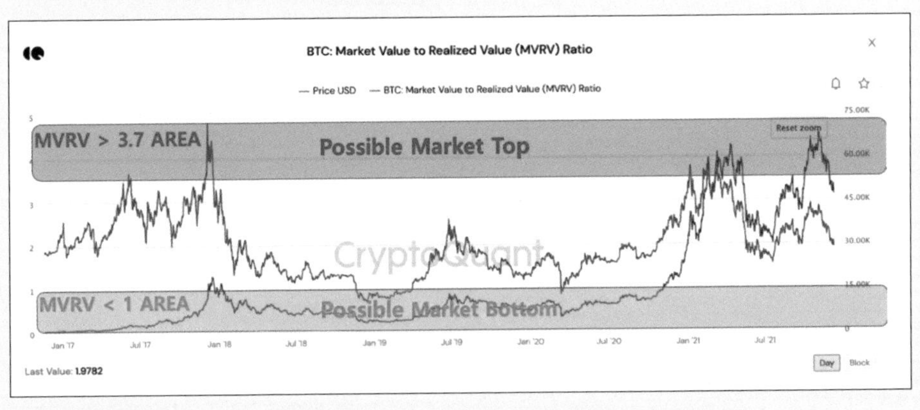

역사적으로 MVRV가 1 이하로 내려갔을 때가 바닥, 3.7 이상으로 올라갔을 때가 고점이었다.

출처: cyptoquant.com.

해서 고평가라고 말하긴 어렵고 MVRV가 1.7 이하면 저평가, 1.7 이상이면 고평가라고 보는 것이 더 적합할 것이다. 그리고 역사적으로 보면 MVRV가 1 이하로 내려갔을 때가 가격이 최저 수준인 바닥 구간이었고, 3.7 이상으로 올라갔을 때가 가격이 최고 수준인 고점 구간이었다. 그렇다면 다음과 같은 결론을 내릴 수 있다.

MRVR < 1: 집중적으로 매수해야 할 시기

MVRV < 1.7: 평균 이하 가격이므로 적극적으로 매수할 시기

MVRV > 1.7: 평균 가격 이상이므로 적절하게 매수하거나 보유해야 할 시기

MVRV > 3: 슬슬 매도를 준비할 시기(단기, 중기 투자자의 경우)

MVRV > 3.7: 매도해야 하고(단기, 중기 투자자의 경우), 장기투자자라고 해도 레버리지를 축소해야 할 시기

이처럼 MVRV를 활용하면 현재 시장의 평균적인 이익이 어느 정도인지, 그에 따라 투자자들의 심리가 어떻게 작용할지 미리 짐작해 볼 수 있으며, 단기 또는 중기 투자자의 경우 매수나 매도의 신호로 삼는 것도 가능하다.

11

모든 것이 4차 반감기를 가리킨다

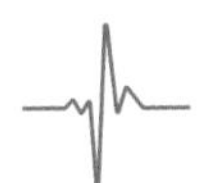

새로운 사이클 진입 신호

지금까지 살펴본 대로, 모든 지표가 한결같이 한 방향을 가리키고 있다. 거의 모두가 예외 없이 2022년 말에서 2023년 초를 기점으로 다음 사이클이 시작되었음을 알리고 있다. 실제로 추세가 바뀌었음을 알려주기라도 하듯, 비트코인 가격 역시 2023년 1분기에 74%나 상승했다. 이것이 무엇을 의미할까? 이번에도 예외 없이 새로운 사이클이 시작되었음을 알리는 징조가 아닐까?

그럼 가장 궁금한 질문을 해보자. 다음 반감기는 대체 언제 시작될까? 현재 다음 반감기가 시작될 것으로 예상되는 시기는 2024년 4월

■ 3차 반감기가 종료되고 4차 반감기로 전환되는 흐름

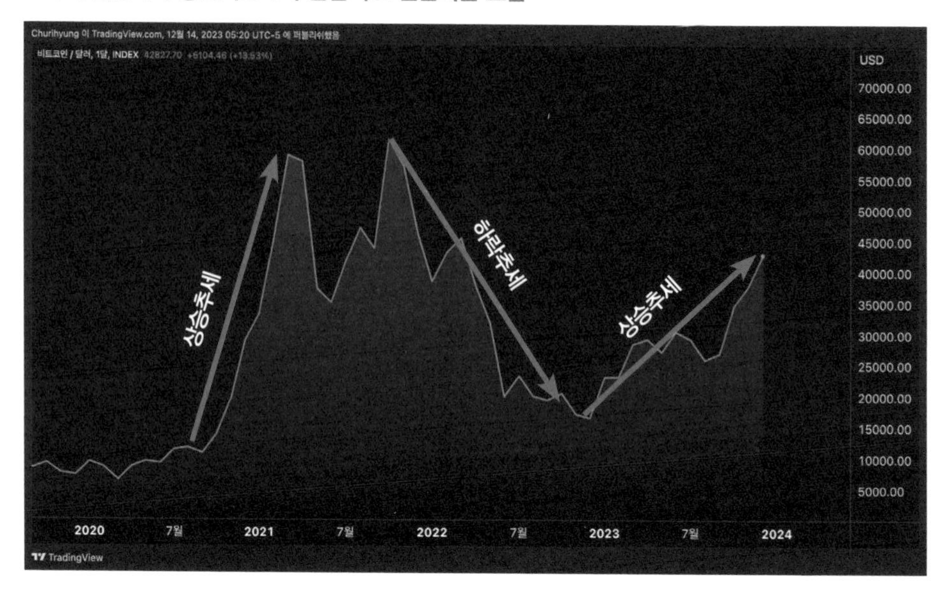

출처: webull.com.

말이다. 조금 더 구체적으로 따져보면 4월 23일이 가장 유력하다. 다만, 이것은 2023년 12월 기준의 추정치다. 정확하게 확정할 수 없는 이유는 비트코인 채굴이 정확히 10분마다 한 번씩 이루어지지는 않기 때문이다. 반감기는 21만 번째 채굴이 끝나면 시작되는데, 채굴과 채굴 사이의 시간 간격이 매번 달라지기 때문에 정확한 날짜가 계속 바뀐다. 하지만 대략 2024년 4월 말 정도일 것으로 추정된다.

어찌 되었든 2024년 4월 말을 전후로 해서 4번째 반감기가 시작된다는 것만은 확실하다. 이번 반감기를 전후로 해서 어떤 역사가 펼쳐질지 너무나 기대가 된다. 어떤가? 여기까지 이 책을 읽어왔다면, 나와 마

■ 4차 반감기 카운트다운(2024.1.2 기준)

출처: bitcoinblockhalf.com.

찬가지로 반감기가 시작된 이후 어떤 일이 펼쳐질지 기대되지 않는가? 하지만 벌써부터 설레기엔 이르다. 더 흥미로운 이야기가 아직 많이 남아 있기 때문이다.

CHAPTER4

준비하라!
비트코인 슈퍼 사이클

이제부터 슈퍼 사이클을 제대로 준비해 보자. 얼마나 잘 준비해서 잘 대처하느냐에 따라 당신의 미래는 크게 바뀔 것이다. 투자는 자신이 이해하는 한도 내에서 실행해야 한다. 잘 알지도 못하는 자산에 큰 금액을 투자하는 것은 도박에 불과하며, 좋은 결과를 얻기도 어렵다. 아무리 좋은 기회라도 덥석 붙잡기 전에 철저한 공부와 이해가 필요한 이유다. 슈퍼 사이클에 대해 잘 알면 알수록 더 많은 보상을 얻게 될 것이다.

12

그냥 사이클이 아니라 슈퍼 사이클이라고?

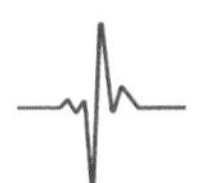

왜 '슈퍼' 사이클인가?

앞에서 비트코인 가격의 4년 주기 사이클에 숨은 비밀과 이러한 사이클이 비트코인 가격에 미치는 영향 그리고 3차 반감기까지 사이클이 아무 이상 없이 제대로 작동하고 있다는 것을 확인했다. 그렇다면 4차 반감기 역시 유효하며 비트코인 가격이 또 한 번 크게 오를 것으로 기대할 수 있다. 그런데 이번에 다가올 네 번째 사이클의 경우 기존에는 없었던 특별한 조건들이 겹치며, 일반적인 상황에서는 볼 수 없었던 대단히 강력한 슈퍼 사이클이 될 것으로 예견된다.

파도의 경우 바람과 해저 지형, 육지와의 거리, 조류, 기압 등 여러 가지 조건이 한데 어우러져 높이를 결정한다. 간혹 엄청난 강풍에다 급격한 기압변화가 겹치고, 그 외에 여러 조건들이 힘을 더하면 단순한 파도가 거대한 해일로 발전하기도 한다. 자산의 가격이 결정되는 과정도 비슷하다. 자산의 가격은 결코 어느 한 가지 요소로 결정되지 않으며, 다수의 내생적 원인 및 외부 원인으로부터 영향을 받는다. 파도가 제아무리 높게 일어도 육지와 거리가 멀거나 역풍이 강하다면 지상에 도착하기 전에 약해질 것이다. 마찬가지로 비트코인 가격 역시 100% 비트코인 자체의 원인만으로 결정되지 않으며, 거시 경제 상황이나 통화 정책과 같은 외부 조건의 영향을 받는다.

그런데 강한 파도에 다른 조건까지 겹칠 때 해일이 일어나듯, 자산 가격 역시 내생적 원인에 더해 외부 조건까지 겹치면 엄청난 폭등이 일어날 수 있다. 그리고 그렇게 될 수 있는 조건들이 다음 4차 반감기에 맞춰 갖춰지는 중이다. 만약 이 조건들의 다수가 예상대로 4차 반감기 기간 내에 성립된다면, 이번 4차 반감기는 이전에 볼 수 없었던 엄청난 가격 상승을 동반하는 '슈퍼 사이클'이 될 가능성이 있다.

슈퍼 사이클, 이름만 들어도 설레지 않는가? 지금부터 4차 반감기의 슈퍼 사이클 가능성에 대해 알아보자.

13

슈퍼 사이클의 기본 조건은 공급 충격과 수요 충격

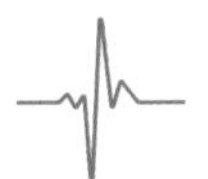

전쟁이 나도 진행되는 반감기

2024년 4월, 이변이 없는 한 비트코인의 4차 반감기가 일어난다. 반감기는 비트코인의 공급량을 줄여 가격이 오르는 원인을 제공한다. 이는 과거 세 차례 있었던 반감기에 공통적으로 일어난 현상이며, 2023년 하반기 기준 이러한 반감기 사이클의 흐름은 특별한 이탈 조짐 없이 정상적인 궤도에서 순항하고 있다.

비트코인 반감기를 원인으로 발생하는 가격 상승은 비트코인 자체의 가치 변화, 즉 내생적 원인으로 인해 일어난다. 외부 조건이 어떻게 변하든 비트코인은 4년마다 한 번씩 반감기를 거치며, 그때마다 필연적으로 공급량이 절반으로 줄어든다. 이것은 경기침체가 오든, 팬데믹이 발생하든, 전쟁이 일어나든 상관없이 반드시 그렇게 되도록 되어 있다. 따라서 비트코인은 기본적으로 4년을 주기로 가격이 급변동할 수 있는 요인을 강하게 품고 있다. 앞에서 자산의 가격은 오직 자체적인 원인만으로 결정되지 않고, 외부 조건들 역시 중요하게 작용한다고 했다. 그렇다면 비트코인 가격에 가장 큰 영향을 미치는 외부 요인은 무엇일까?

비트코인 가격의 외부 요인들

옆 그림의 상단은 비트코인 가격이고 하단은 미국 10년물 채권의 이자율이다. 화살표가 가리키는 부분과 같이 미국 채권의 이자율이 바닥을 치는 타이밍이 비트코인 반감기와 함께 새로운 사이클이 시작되는 부분임을 알 수 있다. 완전한 역상관관계는 아니지만, 비트코인 가격과 미국의 채권 이자율은 어느 정도 서로 반대인 흐름을 보인다고 얘기할 수 있다.

그런데 미국 채권의 이자율(수익률)은 무엇으로 결정될까? 미국 채권의 이자율을 결정하는 가장 중요한 요소는 금리다. 미국의 중앙은행 격인 연방 준비 제도에서 결정하는 이른바 기준 금리가 채권의 이자율을 결정하는 가장 중대한 원인으로 작용한다. 특히 단기 국채로 갈수록 금리에 더 큰 영향을 받는데, 만기가 짧을수록 지금 당장의 기준 금리가

■ 비트코인 가격 vs. 미국 10년물 채권 이자율

출처: twitter.com/TXMCtrades.

중요해지기 때문이다. 예를 들어 2년 후 만기가 돌아오는 채권의 경우, 지금으로부터 2년 후까지의 평균 금리가 이자율을 결정한다. 반면에 10년 후 만기가 돌아오는 채권이라면 지금 당장의 금리보다는 향후 수 년간의 평균 금리가 이자율에 더 큰 영향을 미친다.

뒤 페이지의 그림은 미국의 기준 금리와 2년물 채권의 이자율을 비교한 것이다. 거의 완전한 정의 상관관계인 것을 알 수 있다. 즉 미국 채권의 이자율이 내려가는 타이밍이 곧 미국의 기준 금리가 내려가는 타이밍이다. 그렇다면 미국의 기준 금리가 내려가는 타이밍에 비트코

■ 미국 기준 금리 vs. 2년물 채권 이자율

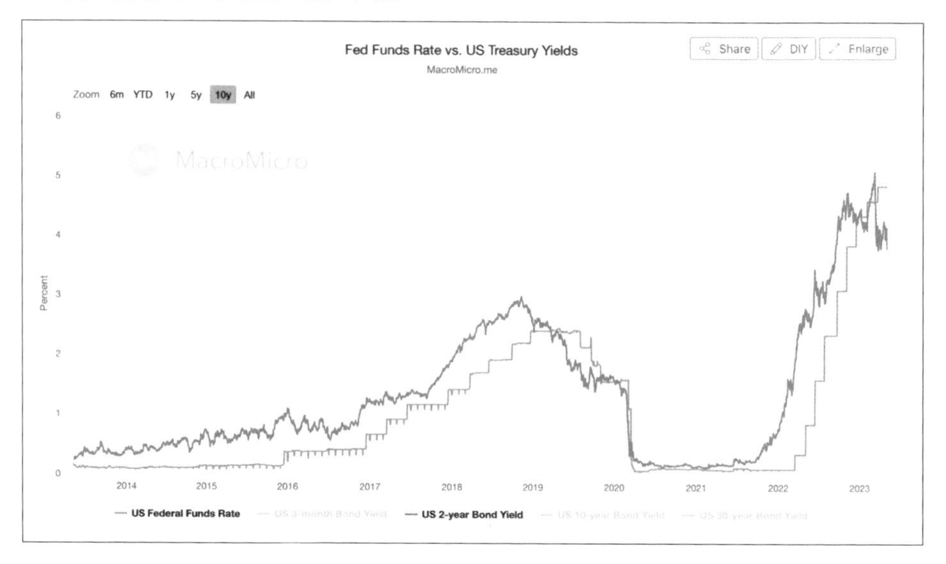

파란색 선이 미국 기준 금리이고, 빨간색 선이 미국 2년물 채권 이자율이다.

출처: macromicro.com.

인 사이클의 추세 전환이 일어난다는 얘기인데, 이는 미국의 기준 금리가 비트코인 가격의 추세 전환을 일으키는 원인 중 하나라고 얘기할 수 있는 근거가 되며, 외부 요인이 비트코인 가격에 분명하게 영향을 주었음을 나타낸다.

결들이면 좋은 지식

채권이 뭐길래 비트코인 가격에 영향을 줘?

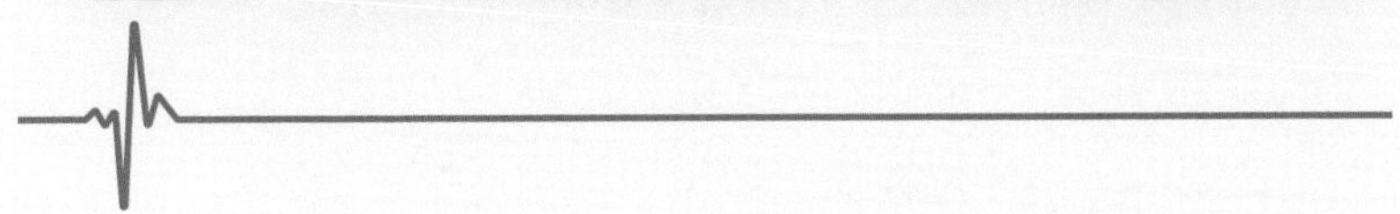

▪ 채권 1분 이해

채권은 국가나 기업 등이 투자자들로부터 자금을 빌리기 위해 발행하는 차용증서다. 투자자는 정해진 이자율에 따라 확정이자를 지급받으며, 만기까지 보유 시 원금을 돌려받을 수 있다. 또한 유가증권으로 취급되기 때문에 시장에서 자유롭게 거래할 수 있다는 장점도 있다. 다만 거래 가격이 시장 원리(공급과 수요)에 따라 결정되고, 채권 발행자가 파산하면 이자는 물론 원금조차 되찾을 수 없다는 리스크가 존재한다.

채권은 거래 가능한 유가증권이라서 가격에 변동이 있을 수 있으며, 채권 가격은 금리에 지대한 영향을 받는다. 기준 금리가 높아지면 향후 발행되는 채권들의 이자율이 높아지는데, 그러면 이미 발행된 채권들은 가격이 하락한다. 이유는 간단하다. 앞으로 발행되는 채권들의 이자율이 높다면, 이미 발행된 낮은 이자율의 채권을 사려는 사람은 없을 것이기 때문이다. 그럼 얼마나 하락할까? 새로 발행되는 채권들의 이자율에 맞춰 하락한다. 예를 들어보자.

- **기존 채권:** 액면가액(가격) 100만 원 & 표면금리(이자율) 3%

∧

- **신규 채권:** 액면가액(가격) 100만 원 & 표면금리(이자율) 4%

이 경우 기존 채권을 구매하면 연간 3%의 이자인 3만 원을 받게 된다. 반면에 신규 채권을 구입하면 연간 4%의 이자인 4만 원을 받게 된다. 이런 상황에서 누가 기존 채권을 구매할까? 아무도 사지 않을 것이다. 따라서 기존 채권의 가격이 신규 채권의 이자율에 맞춰 내려간다.

- **기존 채권:** 시장가격 75만 원 & 이자율(수익률) 액면가액인 100만 원의 3%

|| (이자율 4%)

- **신규 채권:** 시장가격 100만 원 & 이자율(수익률) 액면가액인 100만 원의 4%

시장에서 거래되는 채권 가격이 변하더라도 이자는 변함없이 액면가액이었던 100만 원을 기준으로 줘야 한다. 따라서 거래가격이 내려가면 받는 이자율이 상대적으로 상승한다. 만약 기존 채권을 75만 원에 사고 3만 원의 이자를 받으면 이자율은 신규 채권과 똑같은 4%가 된다.

그런데 실제로는 만기까지 보유하면 액면가액을 모두 받을 수 있다는 조건 때문에 가격이 이 정도로 하락하진 않는다. 그럼 액면가액까지 받는 것을 포함하여 위의 조건으로 만기가 1년이고, 만기 때 원금과 이자를 모두 받는 채권이라면 가격이 어떻게 바뀔까?

• **기존 채권:** 액면가액(가격) 100만 원 & 표면금리(이자율) 3%

→ 1년 후 103만 원 수령

∧

• **신규 채권:** 액면가액(가격) 100만 원 & 표면금리(이자율) 4%

→ 1년 후 104만 원 수령

이 경우 기존 채권의 가격이 99만 원으로 내려가면 만기 때 103만 원을 받아 신규 채권과 똑같은 4%의 수익률을 거둘 수 있다. 금리가 높아져 채권 가격이 하락한 것이다. 반대로 금리가 낮아지면 채권 가격이 상승한다. 이번엔 조금 변화를 크게 해서 계산해 보자.

• **기존 채권:** 액면가액(가격) 104만 8,000원 & 표면금리(이자율) 10%

→ 1년 후 110만 원 수령

||(이자율 5%)

• **신규 채권:** 액면가액(가격) 100만 원 & 표면금리(이자율) 5%

→ 1년 후 105만 원 수령

이 경우 기존 채권의 가격이 100만 원에서 104만 8,000원으로 오르면 어떻게 될까? 그렇게 되면 104만 8,000원을 투자하여 110만 원을 수령하게 되므로 이자율이 대략 5%가 된다. 신규 채권의 이자율과 같아지는 것이다. 금리가 내려가니 채권 가격이 올랐다. 이처럼 채권 가격과 이자율(수익률)은 서로 반대로 움직이는 특성을 가지고 있다. 투자 공부를 하다 보면 채권 이자율(수익률)이 시장에 미치는 영향이 지대하다는 사실을 알게 되는데, 이러한 기초적인 상식을 익혀두면 도움이 될 것이다.

실제 채권 이자율(수익률)과 가격의 변화는 위에서 설명한 것보다는 조금 더 복잡한 공식으로 움직인다. 보유기간과 세금 등 다른 조건들이 개입하기 때문이다. 여기에 대해서는 말킬의 채권가격 정리를 공부하면 완전히 이해가 가능한데, 관심이 있다면 공부해 볼 것을 권한다.

■ 말킬의 채권가격 정리

만기	표면이율	채권가격(r=10%)	r = 5%(-5%)		r = 15%(+5%)	
			채권가격	가격변동율	채권가격	가격변동율
3년	5%	8,717	10,000	(+)14.72%	7,619	(-)12.60%
	10%	10,000	11,385	(+)13.85%	8,809	(-)11.91%
	15%	11,282	12,769	(+)13.18%	10,000	(-)11.36%
	20%	12,586	14,154	(+)12.46%	11,190	(-)11.09%
5년	5%	8,051	10,000	(+)24.21%	6,526	(-)18.94%
	10%	10,000	12,200	(+)22.00%	8,263	(-)17.37%
	15%	11,948	14,399	(+)20.51%	10,000	(-)16.30%
	20%	13,897	16,599	(+)19.44%	11,737	(-)15.54%

출처: iprovest.com.

14

비트코인과 금리, 그 애증에 대하여

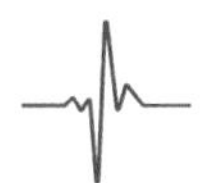

기준 금리 1분 이해

그렇다면 어떤 이유로 미국의 기준 금리가 비트코인에 영향을 준 것일까? 그 비밀을 알기 위해서는 우선 기준 금리가 어떤 작용을 하고, 미국의 중앙은행(연방 준비 제도)이 무엇을 목적으로 금리를 조정하는지에 대해 알 필요가 있다.

일단 금리가 무엇일까? 금리란 '다른 사람의 돈을 빌려 쓰기 위해 지불하는 비용'이다. 예금을 하면 은행은 나에게 이자를 준다. 내가 맡겨 둔 돈을 은행은 어떠한 용도로든 사용하는데, 이때 은행이 나의 돈을 빌려 쓰는 셈이 되므로 이자를 지급한다. 반대로 은행으로부터 대출을 받는다면, 내가 은행의 돈을 빌려 쓰는 셈이 되므로 은행에 이자를 지급해야 한다. 돈을 빌린 쪽이 빌려준 쪽에 이자를 지급하는데 이 비용이 바로 '금리'다. 즉, 금리란 돈을 사용하기 위해 지불하는 비용이므로 줄여서 '돈의 가격'이라고 얘기할 수 있다. 금리는 시장원리에 따라 자연스럽게 결정된다. 돈을 빌려주려는 사람이 빌리려는 사람보다 많아지면 금리는 내린다. 돈의 사용료를 지불하려는 사람이 적기 때문이다. 반대로 돈을 빌려주려는 사람보다 빌리려는 사람이 많아지면 금리는 오른다. 사용료를 지불하더라도 돈을 빌리려는 수요가 많기 때문이다.

그런데 금리가 시장원리에 의해 결정된다면, 중앙은행들이 발표하는 금리에는 무슨 의미가 있을까? 여기서 바로 '기준 금리'라는 개념이 등장한다. 각국 중앙은행들은 경제를 잘 돌아가게 하기 위해 '정책 금리'라고 하는 일종의 기준이 되는 금리를 설정한다.

예를 들어 기준 금리를 2%로 설정하면, 무슨 수를 써서라도 시장이 그 금리를 목표로 움직이게 만든다. 시중 은행끼리 3% 금리로 돈을 주고받는데, 중앙은행이 2% 금리로 돈을 빌려준다고 하면 어떻게 될까? 모든 은행들이 중앙은행에서 돈을 빌릴 것이다. 이율도 더 낮지만, 중앙은행이 가장 확실하고 안전하기 때문이다. 가장 안전한 곳이 더 적은 금리로 돈을 빌려준다는데 누가 마다하겠는가? 따라서 높은 금리는 경쟁력이 없어지기 때문에 시중 금리도 기준 금리에 맞춰 낮아질 수밖에 없다. 반대로 금리를 높이려면? 중앙은행이 더 많은 이자를 주면서 예금을 받아주면 된다. 그렇게 하면 모두가 중앙은행에 돈을 맡기려 할 것이다. 따라서 낮은 금리는 경쟁력이 없어지므로 시중 금리도 기준 금리에 맞춰 높아질 수밖에 없다. 이 외에도 중앙은행은 '공개 시장 운영' 이라는 방법을 통해 각종 채권을 사고팔아 직접 금리를 조절하거나, 그 밖에도 다양한 수단들을 총동원하여 최종적으로 시중 금리를 정책 금리에 가깝게 수렴하게끔 한다. 따라서 기준 금리는 시장 원리에 의해 움직이는 시중 금리를 결정하는 데 절대적인 역할을 한다.

기준 금리는 통화량 조절이 목적

그렇다면 중앙은행은 어떤 목적으로 기준 금리를 결정할까? 바로 통화량을 조절하기 위해서다. 금리가 높아지면 사람들은 돈을 맡기려고만 하고 빌리려고 하지는 않는다. 따라서 은행으로 흡수되어 시중에 유통되는 돈이 줄어든다. 반대로 금리가 낮아지면 돈을 빌리려고만 하고 맡기려고 하지는 않는다. 따라서 은행 밖으로 나와 시중에 유통되는 돈이 많아진다. 이처럼 금리가 높아지면 돈의 유통량이 줄어들고, 금리가 낮아지면 돈의 유통량이 늘어나는데, 중앙은행은 어떤 목적으로 통화량을 조절하는 것일까? 경제를 안정적으로 운영하려는 데 그 목적이 있다.

통화량이 증가해 시중에 돈이 넘쳐흐르면 물가가 오르는 부작용이 생긴다. 기업도 소비자도 모두 돈이 많으니 너도나도 지출을 해댄다. 즉, 수요가 늘어난다. 그런데 가격은 수요와 공급에 의해 결정되므로 수요가 늘면 필연적으로 가격이 오른다. 제품이나 서비스의 가격이 오르면 기업들은 더 많은 돈을 벌게 되고, 이는 다시 더 많은 임금으로 지출되며, 소득이 늘어난 소비자들이 더 많이 지출하면서 가격은 더 오르게 된다. 이것이 바로 물가 상승 '인플레이션'이다. 그런데 물가가 오르더라도 그만큼 월급도 더 많이 받으면 괜찮지 않을까? 전혀 괜찮지 않다. 치킨 값이 10% 오른 만큼 월급도 10% 올랐다고 해보자. 이번 달 월급으로 치킨을 사 먹는 데는 문제가 없지만 과거에 저축해둔 돈의 가치는 어떻게 할 것인가? 물가가 크게 오를수록 지금껏 피땀 흘려 저축해둔 돈이 무용지물이 되어 버리고, 결국 시민들 삶의 안정성이 크게 저하되는 무서운 일이 벌어진다.

이렇게 인플레이션이 발생하지 않도록 조절하는 것이 바로 기준 금리의 역할이다. 중앙은행이 기준 금리를 올리면 최종적으로 시중 금리도 올라간다. 그렇게 되면 돈의 유통량이 줄어들고, 그에 따라 기업도 소비자도 돈이 없는 상태가 되어 물가는 자연스레 하락한다. 그런데 돈이 너무 없는 상태가 지속되면 위험하다. 물가가 하락하면 기업들은 수익이 줄어드니 직원을 해고하고 임금을 줄인다. 그러면 소비자도 돈이 없어져 지출을 더 줄이고, 그 결과 수익이 더 줄어든 기업은 더 많은 직원을 해고하고 임금을 더 크게 줄이는 악순환에 빠져든다. 이른바 경기침체다. 이렇게 되면 모두가 가난해지므로 결코 좋지 않다.

이럴 때는 어떻게 하면 될까? 간단하다. 반대로 하면 된다. 중앙은행이 기준 금리를 낮추면 시중 금리도 내려간다. 그러면 돈의 유통량이 늘어나면서 자연스럽게 기업과 소비자의 주머니에 다시 돈이 흘러 들어간다. 이렇게 중앙은행은 기준 금리를 움직여 통화량을 조절함으로써 경제가 너무 과열되지도, 너무 냉각되지도 않도록 적절히 제어한다.

15

문제는 바로 통화량!

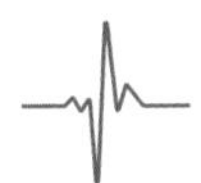

비트코인과 통화량

기본 개념을 이해하기 바라는 마음에 설명이 길어졌다. 이제부터는 금리와 비트코인 가격의 상관관계에 대해 본격적으로 알아보자. 앞에서 기준 금리가 통화량을 결정한다고 했다. 그렇다면 기준 금리에 의해 변화하는 통화량은 비트코인 가격에 어떤 영향을 줄까?

금리가 내리면서 통화량이 증가하는 상황을 가정해 보자. 이때 비트코인 가격은 어떻게 움직일까? 통화량이 늘어날 때 어떤 현상이 일어나는지는 바로 앞에서 배웠다. 돈이 넘쳐흐르니 물가가 오른다. 그럼 비트코인은? 마찬가지다. 비트코인의 가격도 오른다. 간단하게 예시를 들어보자. 전 세계에 비트코인이 한 개뿐이고, 돈이 1달러만 있는데 비트코인을 꼭 사야 한다면 비트코인의 가격은 1달러가 될 것이다. 그런데 비트코인은 그대로 한 개인데 돈이 늘어나 2달러가 된다면 비트코인 가격은 2달러가 된다. 통화량이 늘어날수록 가격은 오른다. 반대로 금리가 오르면서 통화량이 줄어들면? 비트코인 가격이 내린다. 즉, 돈이 귀해지면 비트코인은 상대적으로 싸진다.

■ 달러 인덱스 vs. 비트코인 가격

파란색 선이 달러 인덱스, 주황색 선이 비트코인이다.

출처: tradingview.com.

위 그림은 미국 금리가 오르던 2022년 3월부터 6개월간 달러 인덱스와 비트코인 가격의 흐름을 보여주는 차트다. 달러 인덱스는 다른 주요 통화들과 달러의 가치를 비교한 지수로, 쉽게 말해 달러의 가치를 나타내는 것으로 보면 된다. 미국 금리가 오르는 동안 달러의 가치는 아래에서 위로 우상향한 반면에, 비트코인의 가격은 위에서 아래로 우하향했다. 둘의 관계가 명백하게 역의 상관관계임을 알 수 있다.

또한 금리는 비트코인의 가격을 결정하는 데 아주 중요한 역할을 한 가지 더 한다. 바로 이자 수익률을 조절하는 것이다. 비트코인은 이자가 없다. 그런데 금리가 오르면서 안전한 은행 예금이자나 채권 금리가 오른다고 가정해 보자. 비트코인에 대한 수요가 증가할까, 줄어들까? 당연히 무위험 이자율이 오르면 오를수록 비트코인의 상대적인 투자 매력도는 감소한다. 따라서 가격에 악영향을 미친다. 이것은 비트코인뿐만 아니라, 금과 같이 이자가 없는 다른 대부분의 상품들에도 공통적으로 적용되는 현상이다. 금리가 올라 안전하게 이자를 받을 수 있는 투자처가 증가하면, 비트코인처럼 이자가 없는 투자처의 선호도는 감소한다. 따라서 가격이 하락 압력을 받게 된다.

뒤 페이지의 그림은 미국의 금리인상이 거의 끝난 것으로 보이던 2023년 3월부터 5월까지 3개월간 금과 비트코인의 가격 움직임을 대조한 차트다. 옆 그림에서 달러와 비트코인의 가격 움직임이 정반대였다면, 금과 비트코인의 가격 움직임은 거의 똑같음을 알 수 있다. 이처럼 비트코인의 가격에는 통화량이라는 변수가 상당히 중요한 역할을 한다. 반감기로 인해 공급량이 줄어들어 비트코인 가치가 상승하는 내생적 요인도 중요하지만, 이렇듯 외부에서 발생하는 금리와 통화량이라는 변수도 비트코인 가격에 상당한 영향을 미친다. 따라서 비트코인

■ 금 vs. 비트코인의 가격 움직임

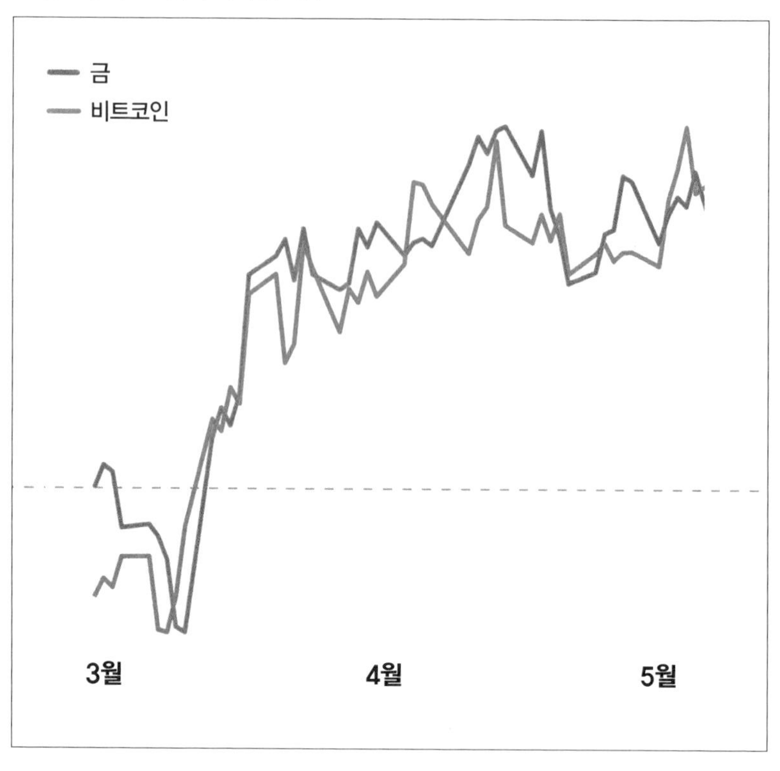

출처: twitter.com/ecoinometrics

가격이 정말로 크게 상승하려면 비트코인의 자체적인 내생 변수와 외부에서 발생하는 외부 변수의 두 가지 요건이 모두 충족되어야 한다. 만약 이 두 가지 요건이 모두 충족되지 않으면 가격 상승은 제한을 받을 것이다. 반면에 이 두 가지 요건이 동시에 충족된다면 비트코인 가격은 순풍에 돛 단 듯 큰 탄력을 받을 것이다.

결들이면 좋은 지식

비트코인은 가치저장 수단이다

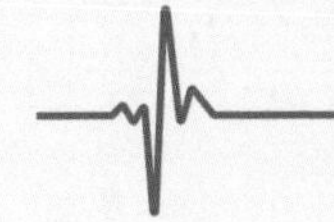

주식과 같은 자산은 금리가 오른다고 해서 꼭 가격이 떨어지는 것은 아닌데, 왜 비트코인이나 금과 같은 자산은 유독 금리에 민감할까?

아래 그림은 미국의 기준 금리와 미국의 대표기업 500개의 주가를 모아 놓은 S&P 500 지수의 흐름을 나타낸 차트다. 막대로 표시된 것이 금리이고, 선으로 표시된 것이 주가인데, 2000년 이후부터는 금리가

■ 미국 연준 기준 금리 vs. S&P 500 지수

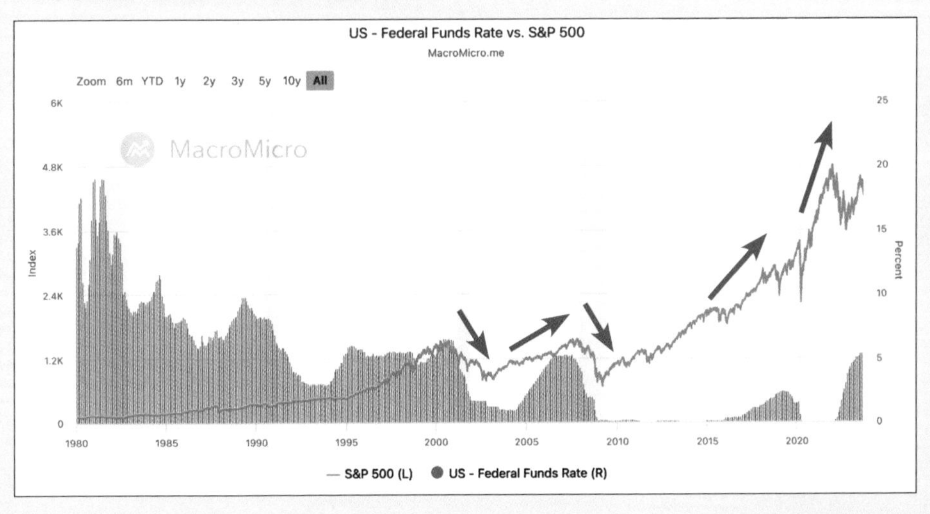

출처: macromicro.com.

오르는 동안 주가도 상승하다가, 금리가 내리면 주가도 함께 내렸다는 사실을 알 수 있다. 이후에 2005년부터도 금리가 오르는 동안 주가는 상승했고, 금리가 내릴 때 주가도 함께 상승했다. 2016년부터 금리가 오를 때도 마찬가지였고, 이후로도 계속 금리와 시간차를 약간 두고 동행하는 모습을 볼 수 있다. 왜 이런 현상이 일어날까? 금리가 오르면 통화량이 줄어들면서 화폐의 가치가 오르니까 주가는 내려야 하는 것이 아닐까? 정답은 바로 경기에서 찾을 수 있다.

경기가 호황이면 기업과 가정에 돈이 많아져 여기저기 아끼지 않고 지출한다. 그러면 기업들이 돈을 잘 벌게 되면서 기업의 가치가 상승한다. 기업의 가치가 상승하면 주가는 당연히 오른다. 그런데 사람들이 돈을 잘 벌어서 흥청망청 쓰면 물가가 오르는 부작용이 발생한다. 앞에서 이럴 경우 중앙은행이 금리를 올려 통화량을 줄인다고 했다. 즉, 금리가 오르는 시기는 대체로 호황기라는 얘기다. 호황기라 기업이 돈을 잘 벌어서 기업 가치가 오르니, 통화량이 줄어들어도 그에 아랑곳하지 않고 주가가 오르는 것이다.

그러면 비트코인은 왜 주식보다 통화량에 더 민감할까? 비트코인은 기업이 아니다. 따라서 실적이란 것도 존재하지 않는다. 호황기에 비트코인이 얻을 수 있는 이점은 사람들이 돈을 잘 쓴다는 것뿐이다. 하지만 금리가 오르고 통화량이 줄어드는 것은 비트코인에 큰 악재로 작용한다.

■ 글로벌 통화량과 비트코인 가격의 상관관계

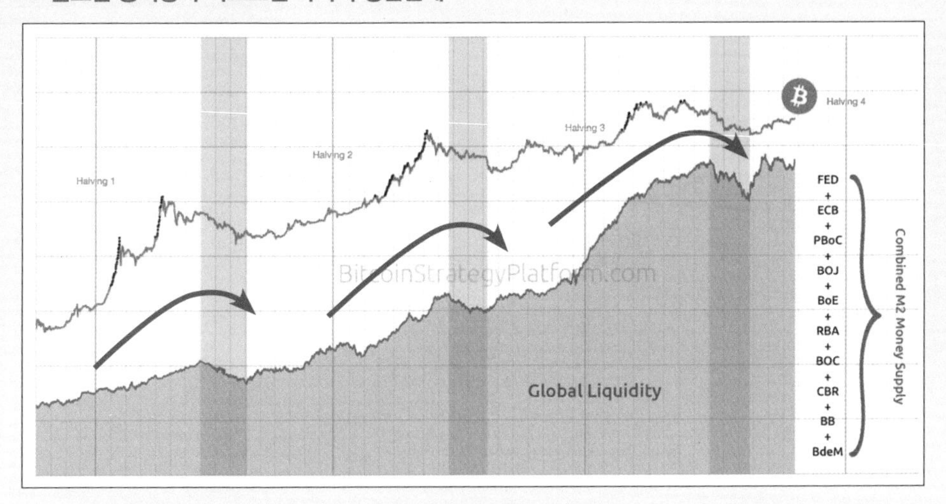

출처: @therationalroot by twitter.

위 그림은 글로벌 통화량과 비트코인 가격의 상관관계를 나타낸 것이다. 파란색으로 표시된 글로벌 통화량이 증가하면 주황색 선으로 표시된 비트코인 가격이 오르고, 통화량이 감소하면 가격이 내리는 것을 확인할 수 있다(비트코인은 글로벌 자산이므로 미국뿐 아니라 전 세계 통화량의 영향을 받는다). 비트코인은 호황이라고 해서 자체적으로 가치가 상승하지 않으므로 상대적인 화폐 가치에 더 민감하게 반응한다. 이렇게 비트코인이나 금처럼 철저하게 화폐와 반대 포지션에 있는 자산을 '가치저장 수단'이라고 부른다. 다른 목적 없이 거의 순수하게 구매력을 보존하는 수단으로서 역할만을 한다는 뜻이다. 이렇게 가치저장 수단이 되는 것은 상품이 돈이 되는 과정의 초기 단계이기도 한데, 이에 대해서는 뒤에서 더 자세히 다룰 예정이다.

16

공급 충격 × 수요 충격이 초래할 초유의 사태

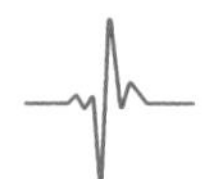

4차 반감기가 슈퍼 사이클이 되려면

우리가 책의 첫 부분에서 살펴본 비트코인 반감기는 비트코인의 내생적 가치 상승 요인이자, 공급 측면에서 비트코인 가격에 영향을 주는 요인이다. 비트코인 공급량이 반으로 줄어들면서 급격한 공급 충격을 주기 때문이다. 반면에 금리에 의한 통화량의 변화는 비트코인 내부가 아닌 외부에서 발생하는 외적 요인이며, 수요 측면에서 비트코인 가격에 영향을 미친다. 통화량이 늘어나면 비트코인에 대한 화폐의 교환비율이 높아지면서 비트코인 가격이 상승한다. 즉, 일종의 수요 충격을 불러온다.

그렇다면 이번에 다가올 4차 반감기에는 어떨까? 앞에서 4차 반감기가 슈퍼 사이클이 될 수 있을 거라고 했다. 또한 비트코인 자체의 내생적 요인과 외부 조건에서 오는 외적 요인이 동시에 겹쳐야 큰 가격 상승이 있을 거라고 보았다. 4차 반감기가 슈퍼 사이클이 되려면, 당연히 공급 충격과 수요 충격이 함께 일어나야 한다. 그런데 공급 충격에 해당하는 비트코인 반감기는 2024년으로 이미 정해져 있고 무조건 일어나게 되어 있다. 그렇다면 남은 것은 한 가지 조건뿐이다. 바로 수요 충격에 해당하는 통화량의 증가, 다른 말로 하면 금리인하다. 검증을 위해 일단 과거 기록부터 살펴보자.

■ **비트코인 반감기와 금리의 관계**

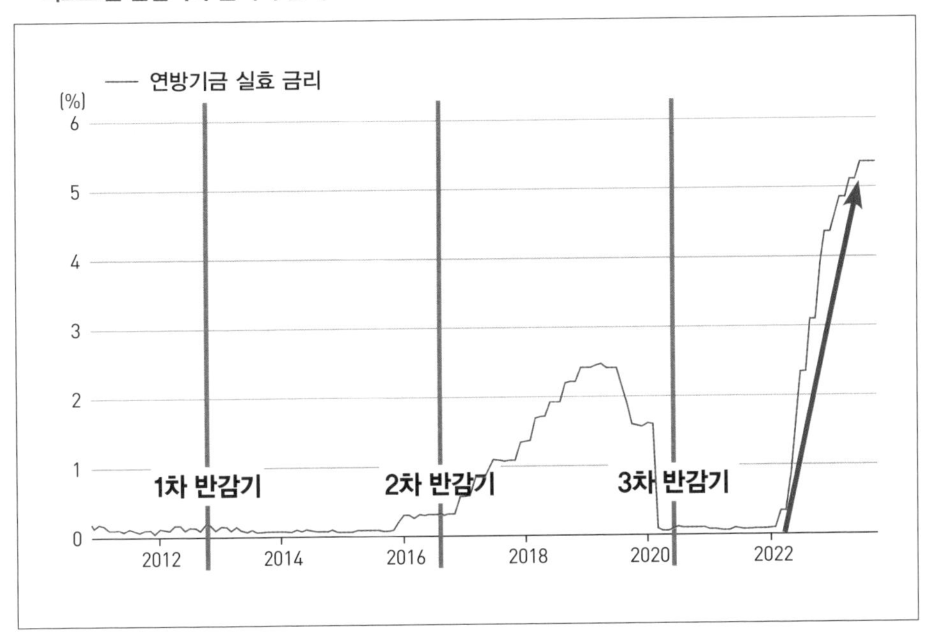

출처: fred.stlouisfed.org.

앞 그림에서 우선 1차 반감기인 2012년의 사이클을 보자. 반감기 전후로 계속해서 제로 금리였다. 즉, 통화량이 증가하는 시기였다. 그렇다면 비트코인에는 매우 우호적인 환경이었음이 틀림없다. 하지만 최상의 환경은 아니었다. 그 이유는 시장의 '선반영 특수성' 때문이다. 다음 그림을 보자.

■ 경기와 시장의 흐름 비교

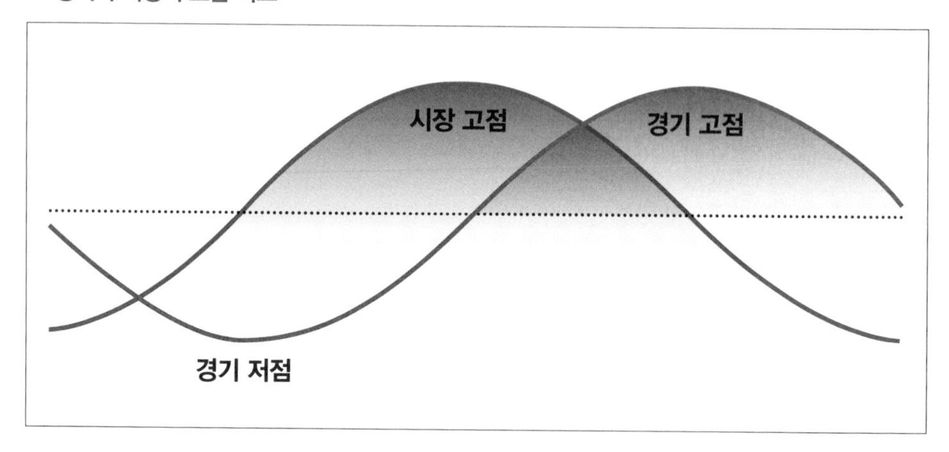

출처: stockchart.com.

좌측의 경기가 저점을 찍을 때 시장은 이미 바닥을 찍고 나서 상승으로 전환했음을 알 수 있다. 또한 우측의 경기가 고점을 찍기 전에 시장은 이미 고점을 찍고 하락추세로 전환했음을 확인할 수 있다.

왜 이런 현상이 일어나는 것일까? 투자자라면 누구나 남들보다 한발 빨리 들어가서 한발 빨리 나오려고 하기 때문이다. 그래야 가장 쌀 때 사서 가장 비쌀 때 팔 수 있으니까 말이다. 따라서 경기가 저점을 향할 때 이미 미래를 읽은 투자자들이 재빠르게 매수 포지션을 취하기 때문에 시장은 상승 국면으로 접어든다. 반면에 경기가 고점을 향해 갈 때는 투자자들이 이후에 있을 경기 하락을 예측하고 미리 빠져나가면서 시장이 먼저 하락추세로 바뀐다. 이것이 바로 시장의 '선반영 특수성'이다. 경기든 뉴스든 기업실적이든 시장은 항상 먼저 반영하여 움직인다. 이것은 금리에도 그대로 적용된다. 금리가 내릴 것 같으면 통화량이 증가하여 시장에 우호적이 될 테니 그전에 미리 상승을 시작한다.

각 반감기의 선반영 특수성 살펴보기

그렇다면 1차 반감기는 어떨까? 이미 제로 금리라서 금리가 더 오르면 올랐지 더 내릴 것은 없다. 이럴 경우 금리는 시장에 딱히 큰 호재가 되지 못한다. 투자자들이 이미 낮은 금리에 익숙해져 있는 데다, 잘못되면 금리가 상승할 리스크만 존재하기 때문이다. 만약 한여름인 8월에 무더위 속을 헤매다가 에어컨이 빵빵하게 나오는 실내로 들어간다면 순간적으로 엄청난 시원함을 느낄 것이다. 하지만 그 안에서 계속 있다 보면 어떨까? 곧 적응하여 쾌적한 온도에 별다른 고마움을 느끼지 못할 것이다.

인간은 보통 나쁜 상황에서 좋은 상황으로 호전될 때 즐거움을 느끼지만, 같은 상황이 지속되면 별다른 감정을 느끼지 못한다. 투자시장은 인간의 심리가 가장 적나라하게 드러나는 곳이다. 피부로 느껴질 만한 변화가 생기지 않는 이상 투자자들을 고양하지 못한다. 따라서 제로 금리가 계속 이어지는 상황은 좋은 상황임이 분명하나 최상의 상황은 아니라고 할 수 있다.

이제 2016년의 2차 반감기를 살펴보자. 따로 말할 필요조차 없을 정도로 금리가 오르기 시작한 최악의 시기다. 앞에서 투자자들은 상황이 변화할 때 가장 크게 반응한다고 얘기했다. 그러면 금리가 계속 높은 상황과 낮았다가 높아지는 상황 중 어떤 상황에서 투자자들이 더 위기감을 느낄까? 당연히 금리가 낮았다가 높아지는 상황이다. 단순히 심리적 문제가 아니라, 실제로도 금리가 높아지는 시기는 금융시장에 큰 영향을 미친다. 사람들은 금리가 낮을 때 넘치도록 풀린 돈을 이용해 집도 사고 차도 사고 가방도 산다. 돈이 없으면 빌려서라도 산다. 일단 시중에 돈이 넘쳐흐르는 상황이니 돈이 많은 기업과 개인이 소비하기가 쉬워진다. 또한 금리가 낮기 때문에 돈을 빌리는 것이 전혀 부담스럽지 않다.

이러한 이유로 저금리 상황에서는 시중의 부채 규모가 커지고 사람들이 여기저기서 돈을 많이 빌리게 되는데, 문제는 바로 이때 금리가 오르면서 발생한다. 돈을 빌려 주식을 사고 집을 사느라 대출금 증가와 함께 신용카드 대금도 불어나 있는 상태다. 이런 상태에서 금리가 올라가면 어떻게 될까? 일단 시중에 풀린 돈이 은행으로 흡수되면서 돈이 부족해지고, 화폐 가치가 오르면서 집과 주식 같은 자산의 가격은 하락한다. 이와 동시에 돈이 부족하니 기업도 소비자도 수입이 줄어든다. 그런데 금리는 계속 오르니까 저금리 시기에 빌린 대출의 이자를 내는 것만으로도 힘겨워진다. 엎친 데 덮친 격으로 할부금액도 산처럼 쌓여 있다. 그야말로 최악의 상황이 닥친다.

이럴 때 비트코인 가격은 어떻게 될까? 당연히 엄청난 하방 압력을 받는다. 저금리에서 고금리로 이동하는 시기는 비트코인에도 최악의 시기다. 하지만 앞에서 살펴봤듯 이런 최악의 상황조차 극복하고 2차 반감기 당시 비트코인 가격은 크게 상승했다. 이것이 무엇을 뜻할까? 금리, 통화량, 유동성과 같은 외부 조건이 중요한 것은 맞지만, 비트코인의 공급량이 줄어드는 자체적인 반감기 효과가 외부 효과를 이긴다는 뜻이다. 물론 가장 좋은 것은 반감기 효과를 외부 조건이 밀어주는 상황이다.

3차 반감기는 어땠을까? 이때도 1차 반감기와 비슷했다. 반감기 이전에 이미 금리가 인하되고 있었는데, 반감기 직전에 팬데믹으로 인해 한 번에 제로 금리로 가 버렸다. 그러니까 반감기가 시작될 때는 이미 금리가 더 내려갈 곳이 없는 상태였다. 앞에서 저금리는 분명 좋은 환경이긴 하지만, 앞뒤로 저금리 상황이 지속되는 환경은 최상은 아니라고 얘기했다. 3차 반감기 때는 반감기가 임박하여 제로 금리가 되었기 때문에, 비록 1차 반감기보다는 나은 환경이지만 여전히 최상의 환경은 아니었다. 또한 3차 반감기의 진짜 문제는 사이클 후반부에 일어났다. 뒤에서 다시 살펴볼 것이므로 여기서는 간략하게 설명하겠다.

125쪽 그림에서 보면, 세 번째 사이클 후반부에 금리가 급격하게 높아지는 것을 알 수 있다. 최악의 상황인 저금리에서 고금리로 옮겨 가는 시기였으며, 금리인상의 공포는 3차 반감기 후반부 내내 비트코인을 괴롭혔다. 미국의 물가가 2년 만에 10% 가까이 상승하면서 급격한 금리인상이 이미 예상되었기 때문이다. 이 영향으로 인해 3차 반감기는 외부 조건 측면에서 상당한 악조건을 겪었다. 2차 반감기도 금리가 오르는 시기와 겹쳤지만, 그때는 비트코인 반감기가 막 시작하는 시기였다. 따라서 비트코인의 공급감소 효과가 극대화된 타이밍이라, 금리인상이라는 외부 악재를 이겨낼 힘이 충분했다. 하지만 3차 반감기는 후반기에 금리인상이 찾아왔다. 반감기 사이클의 끗발이 이미 다한 뒤에 찾아온 금리인상 시기는 비트코인에 가혹할 수밖에 없었다. 여러 가지로 3차 반감기에는 금리가 별로 우호적이지 않았다.

4차 반감기는 어떨까?

자, 이제 앞으로 다가올 4차 반감기는 어떨까? 4차 반감기는 2024년 4월쯤 시작될 것으로 추정된다. 그렇다면 미국의 금리인하가 시작되는 시기는 언제일까?

정확한 시기는 그 누구도 미리 알 수 없지만, 전문가들은 2024년 3~5월을 전후해 금리인하가 시작될 것으로 보고 있다. 그렇다면 비트코인의 반감기인 2024년 4월과 매우 가깝다. 반감기가 시작되는 시점을 전후해서 금리가 내려가는 것이다. 앞에서 최악의 시기는 금리가 낮다가 높아질 때라고 했다. 그럼 최고의 시기는 언제일까? 그 반대다. 금리가 높다가 낮아질 때다. 이때가 바로 무더위 속을 헤매다가 에어

■ 2024년 미국의 금리인하 예상시점

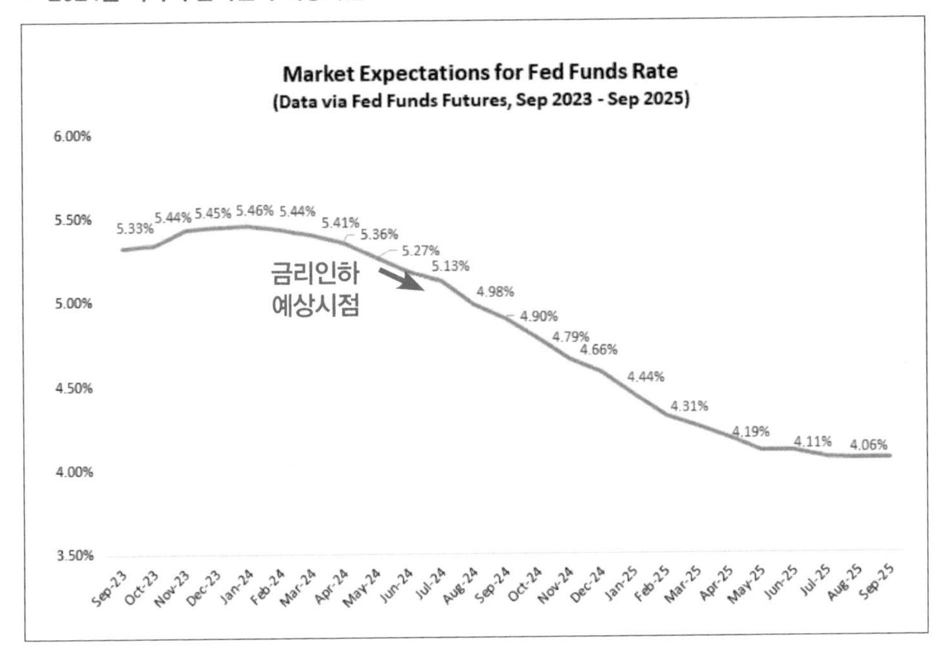

출처: Twitter.com/@charliebilello.

컨이 빵빵한 실내로 들어가는 그 순간이다. 최악의 순간이 끝나고 나면 앞으로 좋아질 것을 기대하게 된다. 시장은 '선반영 특수성'을 가진다고 했다. 금리가 높다가 낮아질 때도 이 성질이 적용된다. 고금리가 끝나고 금리가 내려가기 시작하니 시장은 그 미래를 미리 반영하려 한다. 현재는 금리가 높아도 앞으로는 낮아질 것이라고 예상하면 돈을 쓰기가 덜 부담스럽다. 126쪽 그림에서 경기가 최악일 때 시장은 앞서 달리고 있었음을 기억하자.

이처럼 4차 반감기는 최고의 외부 조건인 금리가 내려가기 시작하는 시점과 비트코인 자체적으로 최고의 순간인 반감기가 거의 겹칠 확률이 높다. 비트코인의 공급량이 줄어드는 공급 충격과 통화량이 늘어나면서 비트코인의 수요가 증가하는 수요 충격이 맞물리는 것이다. 수요가 같다는 전제하에 공급이 줄어들면 가격은 오른다. 공급이 같다는 전제하에 수요가 증가해도 가격은 오른다. 그런데 공급은 줄어드는데 수요는 증가하면?

공급 충격 × 수요 충격 = ?

공급 감소와 수요 증가가 동시에 맞물리면 어떤 일이 일어날까? 역대 세 번의 반감기 중에 4차 반감기만큼 이 두 가지 조건이 동시에 최상인 경우는 없었다. 그렇다면 이번 4차 반감기에 지금까지 본 적 없는 최고의 시너지 효과가 발생할지도 모른다.

10×10은 20이 아니라 100이다. 마찬가지로 '공급 충격 × 수요 충격'은 단순히 두 조건의 효과를 더한 것에서 그치지 않고 곱하기를 한 것과 같은 증폭 효과를 낼 수 있다. 그렇게만 된다면 정말로 엄청날 것이다. 이러한 이유로 나는 4차 반감기를 감히 '슈퍼 사이클'이라 부르고 싶다.

공급 충격 × 수요 충격 = 비트코인 슈퍼 사이클

BITCOIN SUPER CYCLE

CHAPTER5

더 강력한 슈퍼 사이클을 만들 기폭제들

4차 반감기 이후 찾아올 비트코인 슈퍼 사이클은 기본적으로 비트코인의 내생적 요인인 반감기로 인한 공급 충격과 거시 경제에 해당하는 외부적 조건인 금리인하로 인한 수요 충격이 서로 시너지 효과를 일으키며 발생할 것으로 보인다.

하지만 비트코인은 이 두 가지 외에도 향후 가격 흐름에 큰 영향을 미칠 수 있는 커다란 기회들을 더 많이 준비하고 있다. 심지어 이 기회들도 대부분 이번 4차 반감기에 일어날 가능성이 크기에 더욱 매력적이다. 공급 충격과 수요 충격이 만나 비트코인 가격 상승의 모멘텀이 강렬하게 발생하는 슈퍼 사이클에 호재가 추가되면 어떻게 될까? 불난 데 기름을 붓듯 더 강력한 효과를 만들어 낼 가능성이 크다. 만약 이런 효과들이 하나도 아니고 여러 개가 연이어 발생한다면? 그땐 슈퍼 사이클이 어느 정도로 강력한 폭풍을 몰고 올지 감히 짐작하기조차 어렵다.

지금부터 비트코인의 앞날에 준비된 추가 호재들을 하나씩 살펴보자.

17

슈퍼 사이클을 만들 게임 체인저

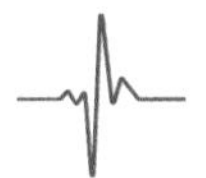

비트코인 시장의 큰손, 블랙록

2023년 6월 미국의 자산 운용사인 블랙록이 비트코인 현물 ETF를 신청했다. 이 소식이 전해지자 당시 25,000달러대에 머물던 비트코인 가격은 순식간에 급등하여 30,000달러를 돌파했다. 블랙록이 비트코인 현물 ETF를 신청한 일이 대체 얼마나 대단한 사건이길래 단기간에 가격이 20% 넘게 올랐을까?

여기에 대한 답을 얻으려면 블랙록이 얼마나 대단한 회사인지부터 알아야 한다. 블랙록은 세계 최대 자산 운용사로 2023년 상반기 기준 총 운용자산이 9조 달러가 넘는 경이로운 규모의 기업이다. 9조 달러는 한화로 1경 원이 훨씬 넘는 엄청난 금액이다. 말 그대로 천문학적인 액수다. 당연히 세계 1위다. 참고로 우리나라 국민연금의 운용자산이 대략 1,000조 원 정도다. 9조 달러나 1경 원이나 워낙 엄청난 단위라서 비교가 잘 안 되겠지만, 국민연금이 운용하는 자산 규모는 블랙록과 비교하면 그야말로 '새 발의 피'다. 1경을 조 단위로 환산하면 1만 조니까, 블랙록이 운용하는 자산 규모가 대한민국 전 국민의 노후를 책임지는 국민연금 규모의 10배가 넘는다고 볼 수 있다. 블랙록은 이렇게 상상을 초월하는 규모의 돈을 고객들로부터 수탁하여, 각종 펀드를 포함한 포트폴리오를 구성해 자산을 운용한다. 쉽게 말하면 고객들의 돈을 불려주는 일을 한다. 그런 블랙록이 비트코인 현물 ETF를 운용하겠다고 발 벗고 나섰다는 얘기다.

비트코인 ETF, 이미 있는 거 아니었어?

여기서 또 다른 의문이 생긴다.

"비트코인 ETF는 이미 있지 않나?"

"현물 ETF는 또 뭔데?"

"그 이전에 ETF가 뭔데?"

사실 이런 질문들은 지나치게 기초적인 내용이기도 하고, 구글에 검색만 해도 쉽게 답을 찾을 수 있지만, 독자들의 편의를 위해 최대한 간단히 설명하고 넘어가겠다.

우선 ETF란 Exchange Traded Fund의 약자로 한국의 코스피나 코스닥, 미국의 S&P 500, 나스닥과 같은 특정 지수를 그대로 따라가는 인덱스 펀드를 주식처럼 거래할 수 있게 상장한 펀드를 말한다. 더 쉽게 얘기하면 '거래 가능한 펀드'다. 은행에 가서 펀드에 가입하면 일반적으로 매달 적금을 붓듯 특정 금액을 납입할 수 있지만, 마음대로 돈을 되찾지는 못한다. 해약하고 돈을 되찾을 때도 시간이 걸린다. 하지만 ETF는 증권 거래소에서 삼성전자와 같은 일반 주식처럼 사고팔 수 있다. 펀드이면서 동시에 주식인 것이다.

그럼 비트코인 현물 ETF란 무엇일까? 사실 미국에는 이미 비트코인 ETF가 상장되어 있다. 그런데 이 ETF는 '현물 ETF'가 아닌 '선물 ETF'다. 선물을 준다는 뜻의 선물 ETF가 아니라 한자로는 먼저 선(先) 자를 써서 선물, 영어로는 Futures라고 한다. 말 그대로 미래의 가격에 베팅하는 거래다. 이런 거래를 파생상품 거래라고 한다. 파생상품에 대해 설명하려면 아주 긴 시간이 필요한데, 우리가 지금 다루는 주제는 비트코인 사이클이지 파생상품 거래가 아니므로 짧게 요약하고 넘어가도록 하겠다.

비트코인 선물 거래란 미래 특정시점의 비트코인 가격에 베팅하는 거래다. 그리고 이런 선물 상품을 모아서 운영하는 '거래 가능한 펀드'가 바로 비트코인 선물 ETF다. 그런데 이 선물 ETF는 실제로 비트코인을 거래하지는 않는다. 비트코인에 베팅한 내역만 거래한다. 따라서 비트코인 가격에 직접적으로 영향을 미치지 않는다(물론 간접적으로 영향을 줄 수는 있다).

현물 ETF의 위대함

블랙록이 이번에 신청한 ETF는 비트코인 현물 ETF다. 현물 ETF는 선물 ETF와 무엇이 다를까? 엄청나게 다른 점이 있는데, 바로 비트코인을 직접 매수하여 보유한다는 점이다. 국민연금의 10배가 넘는 엄청난 규모의 자산을 운용하는 블랙록이 고객의 돈으로 비트코인을 직접 사는 것이다. 대충 들어도 무언가 엄청난 일이 일어날 것 같은 느낌이 들지 않는가? 실제로 거대 자산 운용사의 현물 ETF 도입은 자산 가격에 막대한 영향을 줄 것으로 기대된다.

비트코인과 마찬가지로 화폐성 상품 자산인 금의 경우 2003년 초 현물 ETF가 승인될 당시 가격은 대략 300달러 정도였다. 그런데 현물 ETF가 승인된 시점부터 가격이 무섭게 오르기 시작하여, 2011년까지 약 8년간 6배가 넘게 상승했다. 여러 자산 운용사들이 금 현물 ETF 시장에 뛰어들면서 자금이 대규모로 유입되었고, 이것이 기폭제로 작용해 가격이 폭등한 것이다. 참고로 2003년 현물 ETF 승인 당시 금의 시가총액은 약 2조 달러였는데, 이는 2023년 시점의 비트코인 시가총액의 4배에 달하는 엄청난 금액이고, 당시 물가를 고려하면 실제로는 이보다 훨씬 큰 규모였다. 당시 미국 주식시장 1위 기업이었던 제너럴 일렉트릭의 시가총액이 약 5,000억 달러였던 것과 비교하면 금 시장이 얼마나 거대했는지 알 수 있다. 그런 막대한 규모의 시장이 겨우 8년 만에 6배 넘게 성장했으니, 현물 ETF의 도입이 자산 가치에 얼마나 큰 영향을 미쳤는지 쉽게 짐작할 수 있다.

■ 금 현물 ETF 승인 이후 금 가격 추세

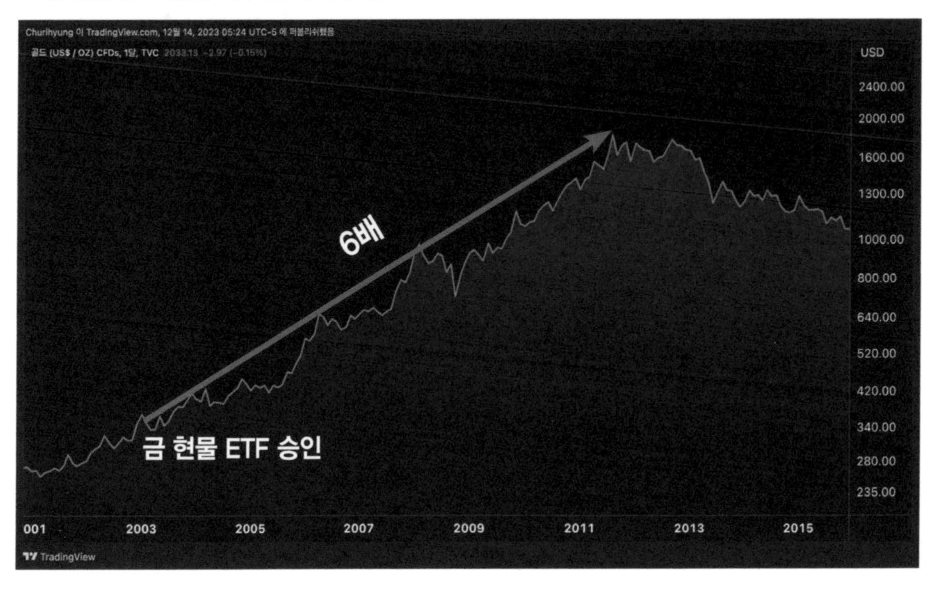

출처: tradingview.com.

이처럼 현물 ETF는 게임 체인저가 될 가능성을 가지고 있지만, 선물 ETF와 비교하여 가격 조작의 위험이 크다는 이유로 미국 증권거래위원회(이하 SEC)는 그간 승인을 거부해 왔었다. 하지만 이 시장에 블랙록이 진출하기로 결정한 이상 이야기의 전개는 달라질 수밖에 없었다. 왜냐하면 블랙록은 그동안 ETF를 신청해서 거절당한 적이 딱 한 차례밖에 없기 때문이다. 576번 신청해서 575번 승인됐으니 성공률이 무려 99.8%에 달한다. 이런 경이적인 승률을 자랑하는 블랙록이 도전장을 내밀었기 때문에 업계에선 비트코인 현물 ETF가 승인될 것을 기정사실로 여겨왔다. 단지 그 시점이 '언제'인가 하는 타이밍의 문제만이 남아 있을 뿐이었다.

블랙록은 자신들이 그동안 쌓아 올린 명성과 고객들의 신뢰를 잘 아는 회사다. 그렇기 때문에 세계 최고의 자산 운용사가 될 수 있었다. 그런 그들이 만약 실패하면 그간 쌓아온 평판에 엄청난 오욕이 될 수 있는데도 왜 이런 도전을 했을까? 아마도 100% 승인받을 거라는 자신감이 있었기 때문일 것이다. 쉽게 가고자 했다면, 다른 자산 운용사가 먼저 승인받은 이후 '블랙록'이라는 이름을 무기로 앞세워 다 차려 놓은 상에 숟가락만 올려도 충분했을 것이다. 그런 블랙록이 실패의 위험을 떠안고서라도 발 벗고 나서서 비트코인 현물 ETF를 신청한 이유는 절대적으로 성공할 것이란 자신감의 표현이라고밖에 생각되지 않는다.

비트코인 현물 ETF, 조작 리스크 낮다!

2023년 8월 미국의 워싱턴 D.C 항소법원은 그레이스케일사가 운영하는 비트코인 신탁의 현물 ETF 전환을 줄곧 거부하던 SEC에 재검토를 명령했다. 앞에서도 언급했듯 SEC는 이미 승인된 선물 ETF와 비교할 때 가격조작의 위험이 크다는 이유로 비트코인 현물 ETF의 승인을 거부해 왔는데, 재판부가 비트코인 현물과 선물 간에 사기나 조작을 발견할 가능성의 차이가 없다면서 재검토를 지시한 것이다.

이 판결에는 매우 큰 의미가 있다. 비록 법원이 SEC에 직접적으로 비트코인 현물 ETF를 승인하라고 명령한 것은 아니지만, SEC가 지난 수년간 고집하던 현물 ETF 승인 거부의 명분이 사라져 버렸기 때문이다. 이후 SEC는 이 판결에 대해 항소하는 것을 포기했는데, 이는 곧 자신들이 비트코인 현물 ETF를 거부하던 가장 중요한 이유가 부정당한 사실을 받아들였다는 뜻과 같다. 실제로 이 판결과 SEC의 항소 포기 이후, 암호화폐 업계 전문가들 사이에서는 비트코인 현물 ETF의 승인 가능성이 대폭 높아졌다는 이야기가 나왔다. 2024년 1~3월 사이에 출시될 거라는 의견이 압도적으로 많았다. 블룸버그 통신은 2024년 1월에 현물 ETF가 승인될 확률을 90%로 보았고, 번스타인 투자은행 역시 늦어도 3월까지는 거의 확실히 승인될 거라고 전망했다.

그런 가운데 2024년 1월 10일 미국 SEC가 그레이스케일, 비트와이즈, 해시덱스 등 11개의 비트코인 현물 ETF의 상장을 드디어 승인했다. 비트코인 현물 ETF의 승인은 이번 비트코인 슈퍼 사이클을 도와줄 기폭제 역할을 할 것이다.

18

SEC가 인정한 비트코인, 날개를 달다

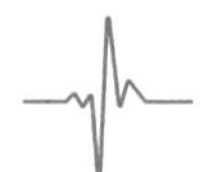

공식 자산 클래스에 편입된 비트코인

2024년 1월, 비트코인 현물 ETF 승인이 이루어졌다. 이로써 비트코인이 금지될 거라고 생각하는 사람들이 거의 사라졌다. 비트코인에 대해 비관적인 사람들조차 이제 '금지'와 관련된 이야기는 하지 않는다.

비트코인 현물 ETF를 통해 거대 자산 운용사들이 비트코인을 취급하고, 기업들이 비트코인을 자산으로 편입하며, 개인들이 노후를 위한 연금 포트폴리오에 비트코인을 추가할 수 있게 되었다. 생각해 보자. 이런 상황에서 비트코인의 확장을 강제로 막을 수 있을까? 그럴 가능성은 제로에 가깝다고 볼 수 있다.

2023년 말 기준 비트코인의 시가 총액은 8,000억 달러가 넘는다. 비트코인을 누가 얼마나 소유하고 있는지 정확히 추적할 수 없는 블록체인의 특성상 8,000억 달러의 비트코인 중 미국인이나 미국 기업이 보유한 수량을 정확히 알기는 어렵다. 다만, 최소한 전체 비트코인의 20% 이상을 미국이 보유하고 있을 것으로 추측된다. 그렇다면 미국에서 대략 2,000억 달러(약 260조 원)에 달하는 엄청난 자금이 비트코인으로 흘러 들어갔다는 얘기가 된다. 심지어 현물 ETF가 승인되었으니 이 금액은 훨씬 더 증가할 것이 분명하다. 미국인이나 미국 기업, 미국 기관으로부터 이렇게 거대한 자금이 들어간 자산을 금지하는 것이 과연 가능할까? 현실적으로 상상하기 어렵다.

미국 SEC의 승인을 받은 비트코인은 현물 ETF는 앞으로 세계에서 손꼽히는 자산 운용사들에 의해 활발하게 거래될 것이다. 비트코인을 믿지 못하는 투자자들도 블랙록과 피델리티는 믿는다. 공식적인 자산 클래스 중 하나로 인정받음으로써 비트코인의 최대 리스크였던 신뢰성 문제도 해결되었다. 자, 대규모 채택이 눈앞까지 다가왔다.

Statement on the Approval of Spot Bitcoin Exchange-Traded Products

Chair Gary Gensler

Jan. 10, 2024

Today, the Commission approved the listing and trading of a number of spot bitcoin exchange-traded product (ETP) shares.

비트코인 현물 ETF 승인 성명을 발표한 미국 SEC 위원장, 게리 겐슬러

출처: www.sec.gov.

19

거대한 특이점,
비트코인 현물 ETF 승인

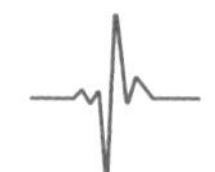

주식처럼 쉽게 못샀던 비트코인

비트코인 현물 ETF 상장 승인이 향후 비트코인 전망에 어떤 변화를 가져올까? 대체 어떤 변화를 예상하고 세계 1위 자산 운용사가 비트코인 현물 ETF를 만들기 위해 발 벗고 나섰을까?

잠깐 시간을 되돌려 당신이 처음 투자를 시작했던 때를 떠올려보자. 당신은 무엇으로 투자에 입문했는가? 사람마다 다르겠지만 아마 대부분은 국내 주식을 시작으로 투자에 입문했을 것이다. 적은 금액으로도 누구나 쉽게 계좌를 개설하여 거래할 수 있기 때문이다. 어느 정도 투자에 익숙해진 뒤 그다음으로 쉽게 접근할 수 있는 것이 미국 주식이다. 5년 전만 하더라도 미국 주식을 거래하는 데 상당한 어려움이 있었다. 증권사마다 해외 주식용 앱을 따로 받아야 했고, 시세도 제대로 확인할 수 없는 경우가 많았다. 미국 주식을 거래하는 방법을 알려주는 블로그나 유튜브 채널도 별로 없었다. 하지만 지금은 다르다. 많은 증권사가 국내 주식을 거래하는 앱으로 미국을 포함한 해외 주식을 직접 거래할 수 있도록 서비스를 제공하고 있다. 또한 미국 주식을 거래하는 방법을 소개하는 글이나 영상도 무수히 많아졌다. 이로써 남녀노소를 불문하고 해외 주식에 대한 접근성이 크게 향상되었다.

하지만 비트코인은 어떨까? 비트코인은 우리에게 익숙한 증권사 앱을 통해 거래할 수 없다. 암호화폐 거래소에 계좌를 별도로 만들어야 한다. 또 대부분의 암호화폐 거래소가 지정된 은행을 통해서만 입출금이 가능하다. 디지털 적응도가 높은 젊은 세대라면 몰라도 부모 세대는 암호화폐 거래소에 계좌를 개설하는 단계조차 넘어서기가 쉽지 않다.

그뿐만이 아니다. 비트코인을 처음 접한 사람들이 가장 궁금해하고 우려하는 문제가 있다. 바로 '해킹당하면 어쩌지?'라는 걱정이다. 가끔 뉴스나 방송에서 무슨 무슨 거래소가 해킹을 당해 고객의 돈을 분실했다는 얘기를 접하면 '내가 산 비트코인도 그렇게 되는 것이 아닌가?' 하는 불신이 생긴다. 또한 법적으로도 아직 비트코인에 대한 세금 규정조차 명확하게 정해지지 않는 등 여러 가지 면에서 불확실한 점이 많다. 비트코인은 주식과 비교할 때 여전히 투자자들의 이해도나 접근성, 신뢰도, 규제 명확성 등에서 뒤떨어지고, 이런 단점들이 평범한 투자자들로 하여금 비트코인에 선불리 투자하기 어렵게 하는 요인이 되고 있다.

클릭 한 번으로 사는 비트코인

이런 상황에서 비트코인 현물 ETF가 등장하면 어떻게 될까? 아주 많은 것이 바뀐다. 우선 더 이상 암호화폐 거래소를 이용하지 않아도 된다. 증권 앱으로 S&P 500 ETF를 사듯 비트코인 현물 ETF에 투자할 수 있다. 비트코인을 잘 모르는 투자자도 아주 손쉽게 비트코인을 간접적으로 소유할 수 있게 된다. 해킹에 대한 우려나 거래소에 대한 불신 문제도 사라진다. 대형 자산 운용사들이 알아서 비트코인을 관리해 주고, 혹시 해킹당한다 하더라도 그들의 자금으로 보상해 줄 것이기 때문이다. 따라서 안심하고 투자할 수 있다. 그뿐만 아니라, 국가에 따라서는 지금까지 불가능했던 연금계좌 등을 통한 투자도 가능해진다. 미국에서는 현재 개인이 연금계좌로 비트코인에 투자하려면 특정 퇴직연금 운용사를 통해야 하는 등 어려운 점이 많았다. 하지만 비트코인 현물 ETF가 출시되면 일반 주식처럼 손쉽게 연금계좌를 통한 비트코인 투자가 가능해진다.

이처럼 비트코인 현물 ETF는 그동안 비트코인에 접근하기 어려웠던 많은 개인들이 쉽고, 빠르고, 안전하게 비트코인에 투자할 수 있게 해준다. 이를 통해 비트코인의 인지도와 보급율이 높아지면 결국 더 많은 투자자금이 유입될 것이다. 그리고 이것은 비트코인의 가격 상승 가능성을 더 높이는 결과로 이어질 것이다.

지금까지 설명한 내용은 비트코인 현물 ETF가 가져올 변화의 극히 일부분에 불과하다. 개인들의 참여율을 높이는 것도 물론 크게 중요한 역할이지만, 진짜는 그게 아니다. 비트코인 현물 ETF가 가져올 진정한 혁신은 바로 기업들과 기관 투자자들의 참여를 이끌어낼 '대규모 채택'에 있다.

해킹의 위험에서 자유로워진다

상상해 보기 바란다. 삼성전자가 비트코인에 투자하는 모습을. 일단 한국에선 기업이 비트코인을 거래하는 데 법적으로 문제가 없다. 하지만 은행이 법인을 상대로 암호화폐 투자에 필요한 실명계좌를 내주지 않기 때문에 현실적으로는 암호화폐에 투자하기가 대단히 어렵다. 설령 투자가 가능해진다고 하더라도 여러 가지 문제가 있다.

삼성전자가 비트코인을 매수했다고 하자. 이 비트코인을 어디에 보관해야 할까? 거래소에 그냥 놔두는 것은 위험하다. 개인 투자자들이 두려워하는 해킹의 위험은 기업에도 예외가 아니기 때문이다. 기업의 투자금액은 워낙 규모가 크고, 한 개인의 돈이 아닌 주주들의 돈이기 때문에 아무래도 보안 작업을 더 확실히 해야 한다. 따라서 절대 해킹되지 않는 암호화폐 지갑으로 옮겨야 하는데 이 과정도 쉽지 않다. 하드 월렛Hard Wallet이라는 보안성이 가장 뛰어난 암호화폐 지갑을 마련하고 여기에 비트코인을 옮겨야 하는데, 그러려면 암호화폐에 관한 지식이 어느 정도 필요하다. 기업 소유의 막대한 금액을 일반 직원에게 맡겨 이러한 작업을 한다는 것은 횡령, 오입금, 취급 부주의 등의 위험이 있어 현실적으로 어렵다. 설사 제대로 옮겨 담았다고 하더라도 그 이후가 문제다. 이 하드 월렛을 누가 보관할 것인가 하는 문제가 남아 있다. 하드 월렛은 그 자체로는 암호화폐 지갑에 접근하는 열쇠와 비슷한 역할을 할 뿐이고, 실제로 중요한 것은 암호화폐 지갑의 패스워드에 해당하는 니모닉mnemonic이다.

■ 하드 월렛 중 가장 유명한 렛저 사의 암호화폐 지갑

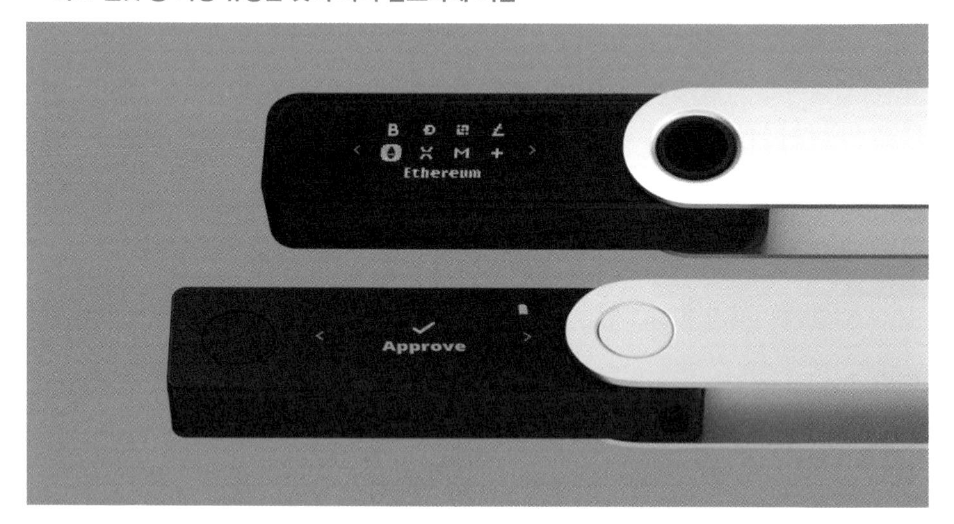

출처: www.ledger.com.

니모닉은 12개에서 24개로 이루어진 단어의 조합으로, 이것이 있으면 하드 월렛을 분실하더라도 새로운 하드 월렛을 구입해 복구할 수 있다. 따라서 니모닉의 소유가 곧 암호화폐 지갑의 진짜 소유권이 된다. 그런데 이 니모닉을 어떻게 보관해야 할까?

■ 12~24개의 단어 조합으로 구성된 니모닉

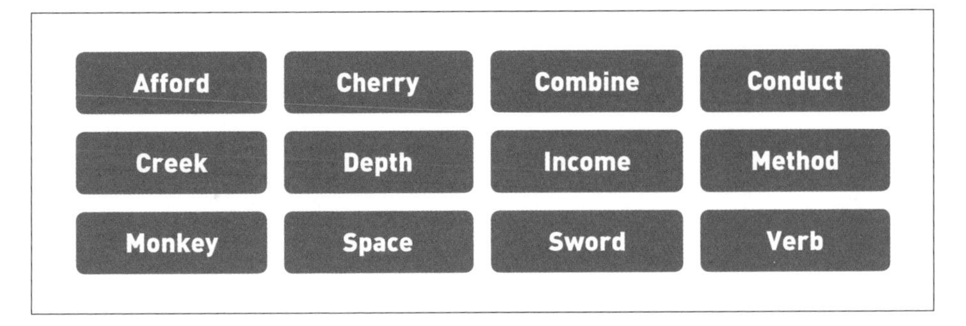

출처: vitto.cc.

회사의 데이터 서버에 니모닉을 보관했다가는 손쉽게 해킹의 먹잇감이 될 것이 뻔하다. 그럼 믿을 만한 직원에게 암기하도록 하면 어떨까? 그 직원이 단어 조합을 잊어버리는 순간 기업이 가진 암호화폐는 몽땅 사라져 버린다. 그럼 한 명이 아닌 여러 명에게 외우도록 한다면? 더 많은 사람이 니모닉을 아는 만큼 횡령 가능성만 높아질 뿐이다. 그럼 회사에서 가장 믿을 만한 존재인 CEO로 하여금 종이에 적어서 가지고 다니게 하면 어떨까? 이재용 회장이 재킷 안주머니에 암호화폐 지갑의 패스워드가 적힌 종이를 넣고 다니는 모습을 상상해 보자. 혹시 소매치기라도 당하지는 않을까, 지갑을 꺼내다가 흘리지는 않을까 늘 노심초사해야 할 것이다. 생각만 해도 희극이다.

이처럼 기업이 비트코인을 구매해서 안전한 장소로 옮기고, 또 지속적으로 보관한다는 것은 결코 쉬운 문제가 아니다. 이런 위험성과 불편함을 감수하면서까지 비트코인을 보유하고자 하는 유인이 떨어진다. 하지만 현물 ETF가 있으면 이야기가 달라진다. 우선 비트코인에 대한 기업들의 접근성이 비약적으로 상승한다. 전문 수탁인들이 비트코인을 안전하고 확실하게 보관해 줄 것이기 때문이다. 만약의 사태를 대비한 보험체계도 확실히 구축되어 있을 테니 더욱 안심이다. 기업들은 잉여 현금이 발생할 경우 그대로 두면 인플레이션으로 인한 통화가치의 하락으로 손해를 보기 때문에, 남는 자산의 일부를 채권이나 증권을 매입하여 투자하는 방식으로 보관한다. 그런데 이제 비트코인 현물 ETF가 나왔으니 기존에 채권과 증권에 투자하듯 간단하게 비트코인 투자가 가능해져, 잉여 현금의 일부를 비트코인으로 보관할 수 있게 되었다.

그야말로 혁명인 비트코인 현물 ETF

이러한 장점들이 꼭 기업들에만 해당하는 것은 아니다. 각종 금융기관들, 자산 운용사들, 헤지 펀드들, 투자 조합 등등 수많은 기관급 투자자들에게도 마찬가지로 비트코인에 투자할 수 있는 기회가 열린다. 그들 역시 앞에서 설명한 대로 기업들이 비트코인에 투자하기 어려운 이유를 그대로 지니고 있기 때문이다. 비트코인 현물 ETF가 나왔으니 이제 그 벽이 허물어졌다. 그동안에는 전통 금융권에서 비트코인으로 자금을 이동하는 것이 마치 섬에 들어가기 위해 자동차에서 내려 배로 갈아타는 것처럼 불편하고 어려웠다. 하지만 이제 육지(전통금융)와 섬(비트코인)을 연결하는 연륙교가 건설된 셈이다. 이 다리를 통해 그동안 비트코인이라는 섬에 가보고 싶어 하던 수많은 전통 금융권의 자산이 안전하고 편리하게 이동할 수 있게 되었다. 이것은 비트코인이 월 스트리트와 전통 금융권에 의해 완전하게 주류 금융으로 편입되는 것을 의미하며, 비트코인이 한낱 개인들의 투기 전용 자산에서 벗어나 기관 등급 자산 클래스로 승격되는 그야말로 대사건이다. 이는 감히 혁명적 변화라고 부를 수 있으며, 더 나아가 비트코인이 특이점을 통과하는 것이라고까지 말할 수 있다.

20

비트코인에 투자할 수밖에 없는 이유

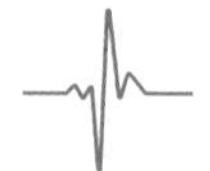

대체불가한 자산이다

그렇다면 개인이든 기업이든 기관이든, 투자자들이 대체 어떤 이유로 비트코인에 투자하게 된다는 것일까? 그냥 지금까지 해오던 대로 주식이나 채권에 투자하면 될 텐데 말이다. 그 이유는 자산 포지션으로서 비트코인이 지닌 대체 불가능한 매력에서 찾을 수 있다.

우선 가장 대표적인 투자수단인 주식과 채권을 살펴보자. 주식은 기본적으로 발행 주체가 분명한 '증권'이다. '기업의 소유권을 분할한 것'이기 때문이다. 애플 주식을 예로 들면, 애플이라는 회사의 브랜드 가치, 애플이 운영하는 비즈니스의 성과, 이를 통해 벌어들이는 현금 흐름. 이런 것들이 애플 주식의 가치를 결정하는 요인들이다. 따라서 애플의 브랜드 가치가 하락하거나, 비즈니스 전망이 나빠지거나, 현금 흐름이 줄어들면 주식의 가치도 따라서 하락한다. 자산의 가치가 전적으로 애플이라는 '발행 주체'에 달려 있다는 얘기다.

채권 역시 비슷하다. 채권은 국가나 지방 정부, 또는 기업이 발행하는 일종의 채무증서다. 이들이 돈을 빌릴 때 나중에 원금과 이자를 갚겠다고 약속하며 발행하는 것이 채권이다. 당연히 채권의 가치도 전적으로 '발행 주체'에 의존할 수밖에 없다. 발행 주체가 파산해 버려, 돈을 빌려준 사람들이 이자는커녕 원금조차 회수하지 못하는 경우도 있다. 또한 국가가 발행하는 채권의 경우 원금과 이자를 돌려받더라도 손해를 볼 수 있다. 채권에 대한 보상으로 지불하는 '화폐'의 가치가 국가의 손에 달려 있기 때문이다. 예를 들어, 1년에 2% 이자를 받는 조건으로 채권을 샀는데 국가가 무분별하게 화폐를 찍어내 화폐 가치가 2% 이상 하락했다면? 이자를 받아도 손해를 보게 되고 이런 일은 자주 벌어진다. 따라서 국가가 발행하는 채권이든, 기업이 발행하는 채권이든, 모두 발행 주체에 대한 '리스크'를 지니며, 이러한 리스크를 감안할 때 기대할 수 있는 수익률은 보잘것없다.

하지만 비트코인은 다르다. 비트코인은 기본적으로 '발행 주체'가 없는 '상품 자산'이다. 영어로는 Commodity라고 한다. 상품 자산의 특징은 '주인'이 없다는 점이다. 법정 화폐처럼 통화량을 마음대로 조절할 수 있는 중앙은행이 없다. 주식처럼 기업 가치를 좌지우지하거나, 새로운 주식을 발행해 기존 주식의 가치를 떨어뜨리는 경영진도 없다. 이렇게 발행 주체(주인)로 인해 생기는 리스크를 '거래 상대방 위험 counterparty risk'이라고 하는데, 비트코인에는 이런 위험이 존재하지 않는다. 이것은 매우 큰 장점이자 매력포인트로 작용한다.

전통 자산을 뛰어넘는다

또한 비트코인은 다른 상품 자산들과 비교해도 특색이 명확하다. 상품 자산의 대표이자 인류 역사상 최고의 상품 자리를 지켜온 금의 경우, 아날로그 자산이라는 어쩔 수 없는 한계가 존재한다. 인터넷을 통해 금을 사면 실물 금을 받지 않는다. 금은 한국예탁결제원에 보관되고 금에 대한 소유권만 거래하게 된다.

금을 특정 무게 이상 거래하면 실물 골드바로 요청할 수 있는데, 이 경우에는 10%에 해당하는 부가가치세와 함께 골드바 제작에 들어가는 비용까지 지불해야 한다. 금이 물리적 실체를 지닌 아날로그 자산이기 때문이다.

바로 이 지점에서도 비트코인의 대체 불가능한 매력을 발견할 수 있다. 비트코인은 태생부터가 디지털 자산이다. 따라서 금과 달리 인터넷상에서 거래하는 그 자체가 비트코인 '현물'을 거래하는 것과 같다. 따라서 금과 같은 전통적인 상품 자산은 비트코인을 결코 대체할 수 없으며, 이는 비트코인이 기존에 존재하던 상품 자산들과 비교할 때 자신만의 명확한 포지션을 갖출 수 있는 근거가 된다.

■ 한국금거래소 홈페이지

온라인에서 거래하는 금은 '현물'이 아닌 소유권에 불과하다.

출처: www.koreagoldx.co.kr.

비트코인 포트폴리오 구성하기

이처럼 비트코인은 개인과 기업 그리고 기관 투자자들의 포트폴리오를 구성하던 기존의 전통 자산들(채권, 주식, 상품 등)과는 확연히 다른 독자적인 포지션을 구축한 자산이다. 포트폴리오의 다변화와 더 높은 수익률을 추구하는 많은 투자자가 비트코인을 자신의 포트폴리오에 추가하는 데는 충분한 이유가 있는 셈이다.

예를 들어, 전통적인 포트폴리오로 유명한 6:4 포트폴리오(주식 6:채권 4)를 추구하던 투자자라면 비트코인을 추가하여 자산 배분의 다각화와 수익률 증가를 꾀할 수 있다.

앞에서 살펴본 것처럼 비트코인은 주식이나 채권으로 대체 불가능한 성질을 가지고 있기 때문이다. 보수적인 투자자라면 주식 6: 채권 3: 비트코인 1 정도로 포트폴리오 다각화가 가능하다. 공격적인 투자자라면 최근 20년간 저조했던 채권을 아예 빼버리고 주식 5: 비트코인 5로 포트폴리오를 구성하는 것도 가능할 것이다. 상품 자산 투자자도 비트코인에 투자하여 포트폴리오를 강화할 수 있다. 예를 들어 금에만 투자하는 투자자가 있다면, 일부 자산을 비트코인에 할당해 포트폴리오를 개선하는 것도 가능하다.

금의 경우 전 세계 투자자산 시가총액에서 부동의 1위인 자산이다. 세계 1위 기업인 애플보다도 시가총액이 5배 정도 많다. 엄청난 규모의 돈이 금 시장에 투입되어 있는 것이다. 반면에 비트코인의 시가총액은 금의 20분의 1 수준이다. 전 세계 시가총액에서 10위 안에도 들지 못한다. 따라서 가격의 변동성이나 자산의 안정성 측면에서 금이 비트코인을 훨씬 능가한다고 얘기할 수 있을 것이다.

■ 글로벌 자산의 시가총액 순위

Rank		Name	Symbol	Market Cap	Price
	1	Gold	GOLD	$13.216 T	$2,003
	2	Apple	AAPL	$2.629 T	$168.22
	3	Microsoft	MSFT	$2.451 T	$329.81
	4	Saudi Aramco	2222.SR	$2.148 T	$8.82
	5	Alphabet (Google)	GOOG	$1.536 T	$123.4
	6	Amazon	AMZN	$1.32 T	$127.74
⌄1	7	Silver	SILVER	$1.307 T	$23.23
	8	NVIDIA	NVDA	$1 T	$405
	9	Meta Platforms (Facebook)	META	$762.55 B	$296.73
^1	10	Berkshire Hathaway	BRK-B	$723.5 B	$331.71
^1	11	Bitcoin	BTC	$668.32 B	$34,223

출처: 8marketcap.com.

그러면 우리가 투자하는 가장 중요한 이유 중 하나인 수익률 측면에서는 어떨까?

수익률은 정반대다. 비트코인은 지난 10년간 대략 34,300% 상승한 반면에 금은 겨우 47% 올랐다. 비트코인은 연평균 100% 넘게 올랐고 금은 연평균 3%도 안 되게 올랐다. 변동성과 안정성 측면에서는 금의

■ 지난 10년간 비트코인 vs. 주요 자산의 수익률

Last 10 Years
Bitcoin $BTC: +34,302%
NVIDIA $NVDA: +13,361%
Tesla $TSLA: +3,219%
$AMD: +2,505%
Apple $AAPL: +1,340%
Netflix $NFLX: +1,191%
Facebook $META: +1,114%
Microsoft $MSFT: +1,052%
Amazon $AMZN: +798%
Google $GOOGL: +441%
S&P 500 $SPY: +223%
Gold $GLD: +47%
US CPI: +30%

출처: twitter.com/charliebilello.

압승이지만, 수익률에서는 비트코인의 압승이다. 이렇게 같은 상품 자산이면서도 서로 다른 특성을 이용하면, 리스크와 수익률을 모두 잡을 수 있는 훨씬 강력한 포트폴리오를 구성할 수 있다. 예를 들어, 금에만 100% 투자하던 투자자가 포트폴리오에 비트코인을 10~20% 정도 섞으면 어떻게 될까? 포트폴리오의 대부분이 금이라서 안정성은 여전히 높다. 하지만 비트코인을 일정 비율로 섞었기 때문에 금의 치명적 약점인 연 2~3%의 낮은 수익률을 어느 정도 만회할 수 있다. 말 그대로 '로우 리스크 - 하이 리턴'의 포트폴리오 구성이 되는 것이다.

이처럼 비트코인은 주식, 채권, 상품 등에 투자하던 기존 투자방식에 완전히 새로운 방향을 제시한다. 기존의 어느 자산으로도 대체 불가능한 매력인 디지털 비주권(발행주체가 없는) 자산이라는 특성을 내세워 새로운 투자 수요를 크게 이끌어낼 수 있다. 현물 ETF가 없었을 때는 접근성과 편의성이 부족해 개인이나 기관 투자자의 접근이 어려웠다. 하지만 현물 ETF가 승인된 지금은 전통 자산에 있던 돈이 비트코인으로 넘어올 때 넘어야 하는 장벽이 다 허물어졌다. 말 그대로 비트코인을 향한 고속도로가 뚫렸다고 볼 수 있다.

21

현물 ETF 승인이 비트코인 가격에 미칠 영향

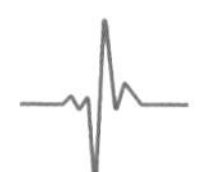

비트코인 현물 ETF 유입자금의 어마어마한 규모

지금까지 살펴본 대로 비트코인 현물 ETF는 비트코인 수요를 크게 증가시킬 것이고, 그 결과 비트코인으로 막대한 자금이 유입될 것이 예상된다. 그렇다면 대체 어느 정도 규모의 자금이 유입될까? 그리고 그 결과로 비트코인 가격은 얼마나 상승할까?

과거 비트코인의 역사를 살펴보면 유입된 자금 대비 비트코인의 가격 상승률은 대략 4배 정도였다. 즉, 1달러가 시장에 유입되면 비트코인 가격은 4달러가 올랐다. 그러니 현물 ETF 승인으로 인해 시장에 들어올 자금 규모를 알면 비트코인 가격이 앞으로 얼마나 오를지 예상할 수 있을 것이다. 현재 전문가들은 비트코인 현물 ETF가 출시되면 출시 후 1년 이내에 ETF 운용사 관리자금의 최대 1%가 비트코인 시장에 할당될 것으로 전망하고 있다. ETF 운용사들이 관리하는 자금은 대략 15조 6,000억 달러이므로 그것의 1%라면 1,560억 달러가 된다. 이 정도 규모의 자금이 유입되면 비트코인 가격은 얼마나 오를까? 앞에서도 얘기했듯 비트코인 가격은 유입된 금액의 대략 4배 정도 상승했으므로 1,560억 달러가 유입되면 비트코인 시가총액은 6,240억 달러 늘어날 것이다. 그렇다면 이제 6,240억 달러의 시가총액 증가를 가격으로 환산하면 얼마 정도인지 알아볼 차례다.

■ **비트코인 시가총액 vs. 유입자금**

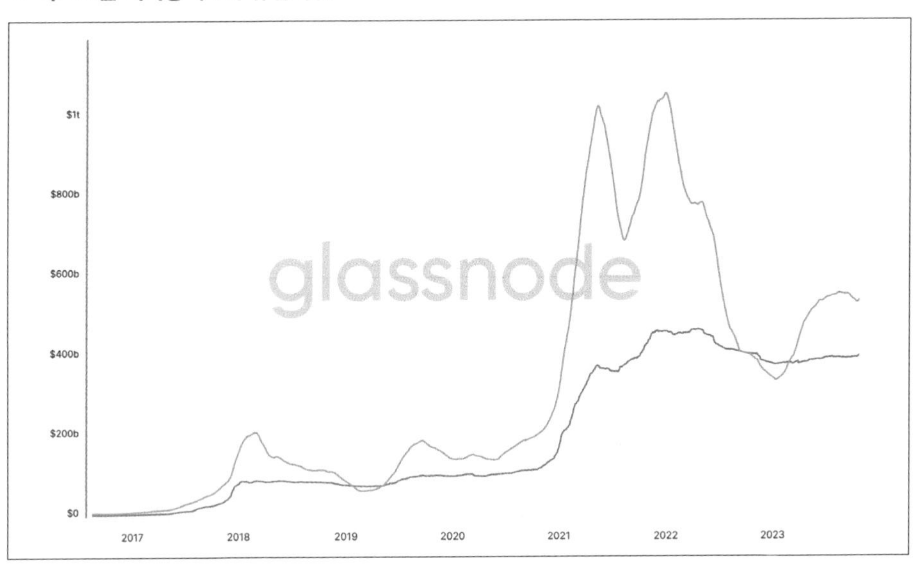

주황색 선이 비트코인의 시가총액이고 빨간색 선이 유입된 자금이다. 평균적으로 유입자금 대비 시가총액이 훨씬 더 많이 증가했음을 알 수 있다.

출처: glassnode.com.

2023년 말 기준 비트코인의 발행량은 대략 1,953만 개니까 6,240억 달러를 1,953만으로 나누면, 비트코인 가격 기준 대략 32,000달러가 된다. 즉, 비트코인 현물 ETF 출시 이후 ETF 운영사 관리자금의 1% 정도가 최초 1년간 비트코인 시장에 유입되면, 이 효과로 인해 비트코인 가격이 약 32,000달러 오른다. 물론 이것은 어디까지나 추측이다. 실제로 자금이 얼마나, 어떤 속도로 들어올지 정확히 예측하기는 불가능하다. 더 많이 들어올 수도 있고 더 적게 들어올 수도 있다. 자금 유입 속도가 예상보다 빠를 수도 있고 느릴 수도 있다. 또한 들어온 자금 대비 가격 상승 배수가 4배보다 높을 수도 있고 낮을 수도 있다. 이렇듯 여러 가지 변수가 있기 때문에 정확한 예측은 불가능하다. 그러나 단순한 기대감이 아니라 실질적인 수요 증가를 불러일으킨다는 점에서, 비트코인 현물 ETF가 비트코인 가격 상승에 큰 기폭제가 될 가능성이 높다는 사실은 충분히 짐작할 수 있다.

더 어마어마한 기회 요인들

여기서 한 가지 잊지 말아야 할 중대한 사실이 있다. 앞에서 계산한 1년에 32,000달러 상승이라는 가능성은 철저하게 비트코인 현물 ETF에 새로 유입될 자금만을 기준으로 구한 값이라는 점이다. 지금까지 얘기했던 비트코인 반감기와 유동성 확장시기는 아예 계산에 넣지도 않았다. 가격 상승에 따라 투자자들이 갖게 될 기대심리도 고려하지 않았다. 일반적으로 가격이 오르기 시작하면 가격 상승을 기대하는 투자자들이 급격하게 몰려들면서 가격이 정상적인 수준을 넘어서 상승하는 이른바 '거품 현상'이 일어난다. 이렇게 거품이 끼기 시작하면 가격이 어느 정도까지 상승할지 감히 짐작하기조차 어렵다. 거품은 말 그대로 거품이라서 가격이 정상적인 범위를 넘어서까지 상승할 수 있기 때문이다. 실제로 과거 사이클들에서 가격이 최고점을 찍었던 시기는 모두 거품이 발생한 시기라고 볼 수 있다. 그리고 공급 충격 × 수요 충격에 현물 ETF라는 기폭제까지 가세하는 이번 슈퍼 사이클에서는 그 정점에서 전대미문의 엄청난 거품이 발생할 가능성도 있다. 만약 그렇게 된다면 가격 상승의 범위는 상상을 초월할 것이다. 과연 어떤 일이 벌어질지 흥미진진하다.

■ 비트코인 슈퍼 사이클

공급량 반감기 / 금리인하 시작

공급 충격 × 수요 충격

↑ 촉매제

현물 ETF

대규모 채택

CHAPTER6

반감기를 활용한 비트코인 투자 전략

이번 슈퍼 사이클이 끝났을 때 모두가 같은 결과를 얻지는 못할 것이다. 각자 가진 그릇의 크기만큼만 가져가게 될 것이다. 하지만 그렇다고 해서 미리 실망할 필요는 없다. 슈퍼 사이클을 통과하며 자신의 그릇을 키울 수 있기 때문이다. 이번에는 슈퍼 사이클을 최대한 활용할 수 있는 전략을 알아보자.

모두가 이번 슈퍼 사이클을 아름답게 마무리하며 최대한 성과를 얻고, 동시에 더 많이 담을 수 있는 그릇을 완성하는 시간이 되기를 바라며.

22

슈퍼 사이클에는 비트코인 가격이 얼마까지 오를까?

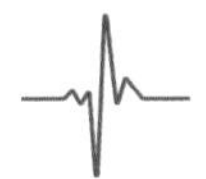

가격 예측해 보기

지금까지 비트코인 슈퍼 사이클의 개요를 대부분 설명했다. 반감기를 기준으로 하는 비트코인의 가격 상승은 결코 우연이 아닌 필연이며, 2023년에서 2024년으로 넘어가는 시점을 기점으로 이번에도 비슷한 전조 증상이 나타나고 있다. 이제 궁금한 것은 바로 이것일 것이다.

"그래서 이번에는 얼마나 오를까?"

바로 이 질문에 모든 이의 관심이 집중되어 있을 것이다. 이제부터 이번 슈퍼 사이클에서 비트코인 가격이 어느 정도까지 오를지 본격적으로 추론해 보자.

우선 이 추론 과정을 명확하게 하기 위해 이전 사이클에서 비트코인 가격이 얼마나 상승했는지를 다시 한번 살펴보자. (최저가부터 최고가까지를 기준으로) 각각 1차 사이클에서는 553배, 2차 사이클에서는 116배, 3차 사이클에서는 21.5배 상승을 기록했다.

■ 과거 사이클별 가격 상승률

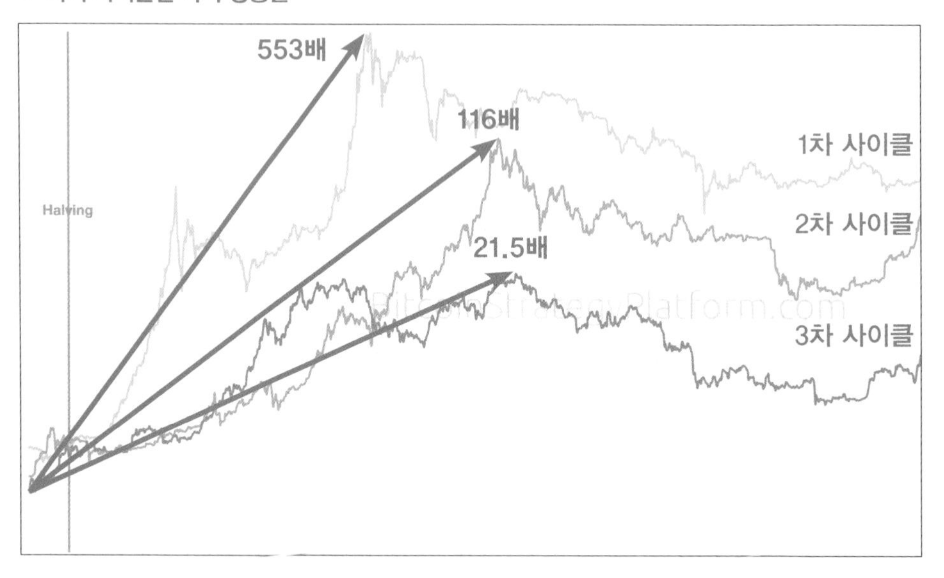

출처: bitcoinstrategyplatform.com.

평균 상승률은 230배지만, 상승률 자체는 자산의 시가총액이 커짐에 따라 줄어들고 있는 것이 사실이다. 1차 사이클(553배) 대비 2차 사이클(116배)의 상승 배수는 약 21%, 2차 사이클(116배) 대비 3차 사이클(21.5배)의 상승 배수는 약 18.5%다. 다음 사이클에서 줄어드는 상승 배수의 평균이 20% 정도임을 알 수 있다.

이번에는 또 다른 지표를 사용해, 저점에서 고점까지가 아니라 이전 사이클 고점에서 다음 사이클 고점까지를 기준으로 확인해 보자.

우선 각 사이클의 고점 가격은 아래와 같다(거래소마다 가격이 약간씩 상이할 수 있다).

- 1차 사이클 1,134달러
- 2차 사이클 19,891달러
- 3차 사이클 69,048달러

위와 같이 고점 대비로만 비교해 보면 1차 사이클 대비 2차 사이클은 약 17.5배 상승했다. 3차 사이클에서는 2차 사이클 대비 약 3.5배 상승했다. 그렇다면 사이클이 지날 때마다 상승률이 대략 5분의 1로 줄어든다는 얘기인데, 4차 사이클에서는 3차 사이클의 5분의 1인 0.7배만 오르게 되는 걸까? 그렇지는 않을 것이다. 여기에는 몇 가지 이유가 있다.

3차 반감기 가격에 영향을 준 악재들

우선 지난 3차 사이클의 경우 외부 요인이 굉장히 큰 영향을 주었고, 대부분이 비트코인 가격에 부정적인 영향을 미치는 악재들이었다. 그 악재들이란 다음과 같다.

① 중국에서 일어난 비트코인 채굴 사고와 채굴 금지

3차 사이클이 점입가경으로 치닫던 2021년 4월 중국 신장 지역에서 탄광이 붕괴하는 사고가 발생하면서, 이 지역에 몰려 있던 비트코인 채굴자들이 전기를 사용하지 못해 채굴기가 30% 정도 멈추는 사건이 발생했다. 이 사건으로 인해 비트코인 가격이 주춤했는데, 그 이유는 중국 정부가 대량의 전기 사용을 이유로 비트코인 채굴을 금지할 것이란 소문이 돌았기 때문이다.

이후 5월에 그 소문은 현실로 나타났다. 중국 정부가 비트코인 채굴을 금지한 것이다. 이 사건으로 신장 지역 주변에 있던 비트코인 채굴장의 90%가 실제로 운영을 중단하면서, 잘나가던 비트코인 가격에 급브레이크가 걸렸다.

② 테슬라의 비트코인 채택 중단

이 타이밍에 대형 악재가 하나 더 터졌다. 바로 테슬라의 비트코인 채택 중단이라는 악재였다. 테슬라는 2020년 약 15억 달러 상당의 비트코인을 매수했다. 당시 테슬라는 미국 증시에서 가장 강력한 영향력을 발휘했는데, 특히 CEO인 일론 머스크가 광적인 팬을 많이 거느리고 있었다. 이런 테슬라가 비트코인을 대량으로 매수했다는 소식은 비트코인의 전망을 대단히 밝게 만든 사건이었다. 시가총액 최상위 회사가 비트코인을 매수하기 시작했으니, 향후 다른 대기업들도 비트코인 매수에 가담할지 모른다는 기대감이 커진 덕분이었다. 이후 2021년 2월 비트코인으로 테슬라 차량을 구매할 수 있는 옵션이 생긴 것 역시 영향력이 상당히 큰 사건이었다. 테슬라가 비트코인을 통한 결제를 도입했다면, 향후 애플이나 아마존에서도 비트코인으로 결제가 가능하지 않을까 하는 기대감이 높아졌기 때문이다. 하지만 이 모든 기대감은 산산히 부서지고 말았다. 2021년 4월에 열린 분기 실적보고에서 테슬라가 보유한 비트코인 중 약 2억 7,000만 달러 상당을 매도한 것이 알려졌고, 뒤이어 5월에는 비트코인 채굴로 인한 환경 문제를 거론하며 비트코인 결제옵션도 취소해 버렸다. 테슬라의 비트코인 매도와 결제옵션 취소는 두 가지 모두 엄청난 악재인데, 그런 부정적인 사건이 한 달 새에 연이어 터진 것이다.

앞에서 언급한 중국발 악재와 테슬라발 악재 모두 4월과 5월에 연이어 발생했다. 말 그대로 핵폭탄이 연쇄적으로 폭발한 셈이다. 이 대형 악재의 콤비네이션으로 인해 당시 비트코인 가격은 폭락에 가깝게 하락해, 4월 최고점 64,900달러에서 6월에는 28,800달러까지 단 두 달 만에 56%나 하락했다. 외부에서 터진 대형 악재로 가격이 크게 하방 압력을 받은 것이다.

③ 물가 상승을 막기 위한 미국의 금리인상

이 당시 비트코인 가격에 지속적인 압력을 가하던 외부 요인이 하나 더 있었는데, 바로 물가다. 2021년 1월 1.3%에 불가했던 미국의 소비자 물가는 그해 12월 무려 7%까지 치솟았다. 2020년 코로나로 인해 피해를 입은 경제를 살리기 위해 실시했던 대규모 양적완화의 부작용이 나타난 것이다.

연중 내내 물가가 급상승했고, 수많은 전문가들이 하나같이 연준이 곧 금리를 올릴 것으로 예상한다는 소문이 돌았다. 앞에서도 살펴봤듯 비트코인은 통화량에 대단히 민감한 자산이다. 따라서 한 해 동안 끊임없이 나오는 금리인상에 대한 경고는 비트코인 가격에 엄청난 하방 압력으로 작용할 수밖에 없었다.

그 외에도 여러 가지 대외 변수들이 존재했지만, 크게 보면 중국의 채굴 금지, 테슬라의 비트코인 축출, 미국의 금리인상 공포가 비트코인 가격을 심하게 압박한 결과 비정상적인 가격 패턴이 만들어졌다.

다음 차트를 한번 살펴보자. 1차 사이클과 2차 사이클은 모두 가격이 최고점을 향해 무섭게 치솟다가 정점을 찍고 내려오는 '단봉'의 형태다. 마치 튤립버블을 보는 듯한 전형적인 과열 시장의 형태를 보여준다(1차 사이클에서 좌측에 약간 튀어나온 부분이 있긴 하지만, 최고점과 비교할 때 가격이 5배 정도 차이 나기 때문에 단봉 형태로 보아야 한다). 반면에 3차 사이클은 앞의 두 사이클과는 확연하게 다르다. 2021년 4월과 11월, 약 7개월의 시차를 두고 '쌍봉' 두 개가 선명하게 고개를 들고 있다. 두 개 정점의 가격 차이는 겨우 6% 내외. 누가 봐도 명확하게 '단봉'이 아닌 '쌍봉'이다. 이것은 무엇을 의미할까?

이는 만약 외부에 대형 악재가 없어서 인위적으로 가격이 하락하지 않았다면, 1차 정상 부근에서 추가로 상승하다가 지난 사이클들과 마찬가지로 '거품 모델' 형태의 가격 흐름을 보인 뒤 사이클이 종료되었을

■ 1, 2차 사이클의 단봉 vs. 3차 사이클의 쌍봉

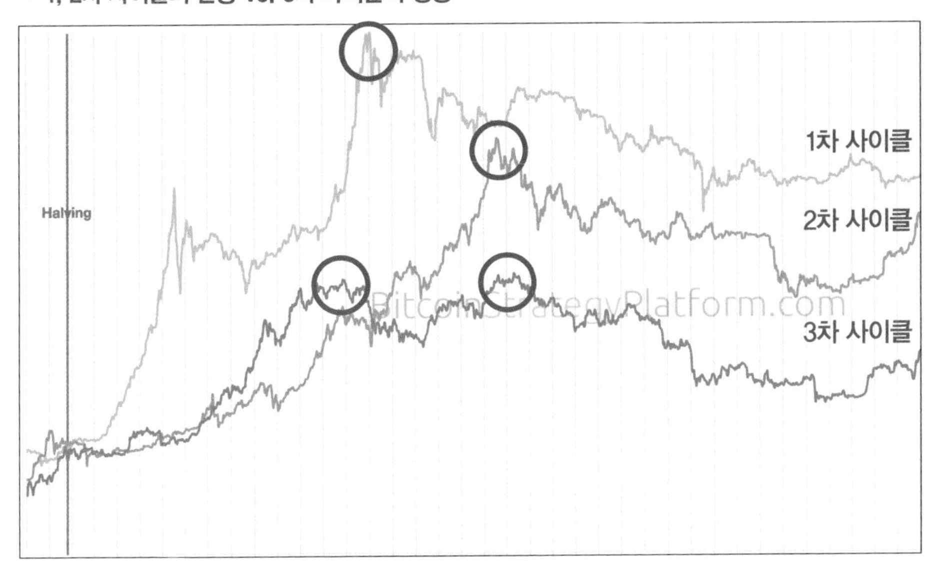

출처: bitcoinstrategyplatform.com.

■ 1, 2차 vs. 3차 사이클의 모양 비교

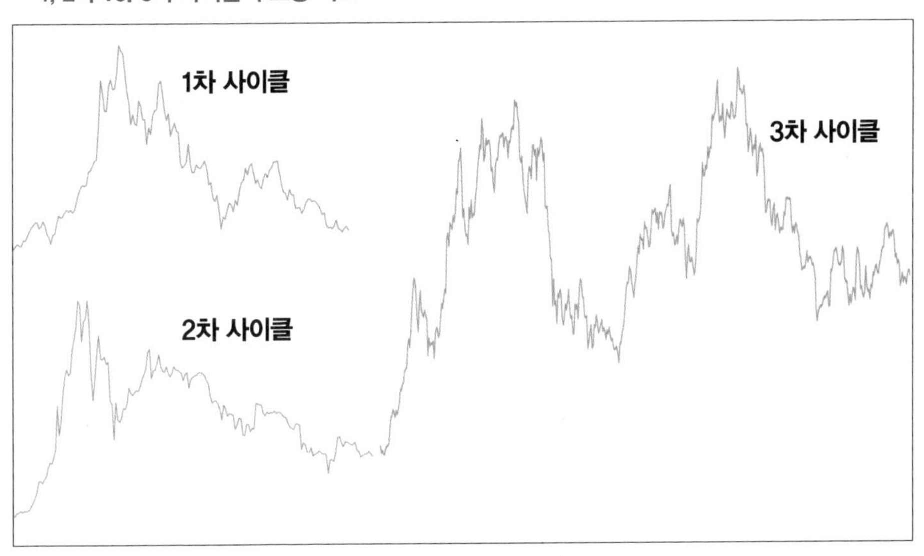

3차 사이클 역시 1, 2차 사이클과 마찬가지로 거품 모델을 형성했어야 정상이다.

출처: glassnode.com.

것이란 뜻이다. 다시 말해 3차 사이클에서는 대형 외부 악재로 인해 비트코인 가격이 원래 올랐어야 할 만큼 오르지 못했다는 결론을 내릴 수 있다. 따라서 3차 사이클의 21.5배 상승이라는 결과는 비트코인이 가진 잠재력을 모두 발휘하지 못한 상태에서 나온 상승률이었다고 정리해야 옳을 것이다.

■ 하이먼 민스키의 거품 모델

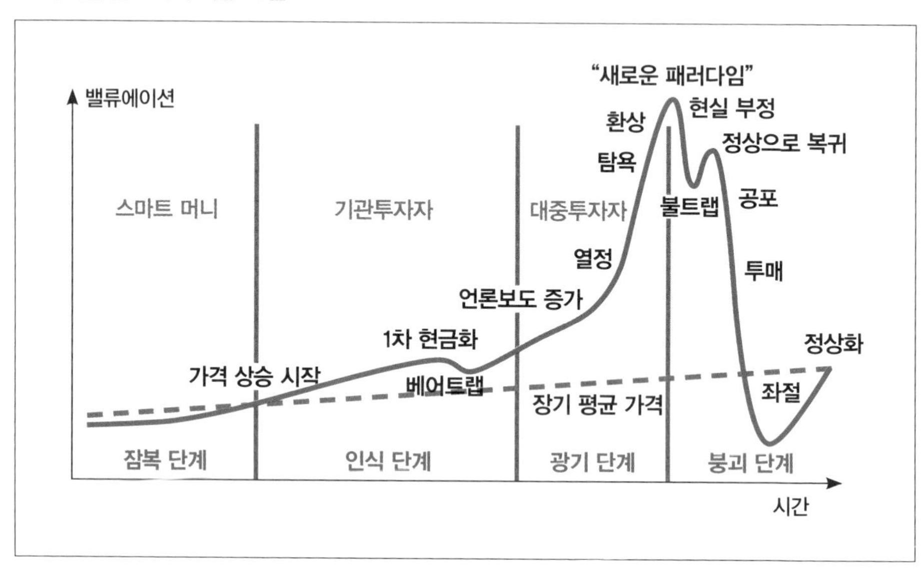

위 그림은 하이먼 민스키 모델로 잘 알려진 '거품 모델'이다. 자산 가격의 초기 상승기부터 과열 단계인 거품 붕괴 단계까지의 가격 흐름을 나타낸 것인데, 비트코인의 1차, 2차 반감기의 가격을 보면 이 모델과 놀랍도록 닮아 있다. 하지만 3차 반감기를 보면 홀로 2개의 정점을 형성한 쌍봉 모양이라는 차이를 발견할 수 있다. 이것은 첫 번째 정점을 찍을 당시 발생한 초대형 악재(중국발＋테슬라발＋물가상승 악재)로 인해 가격이 원래 제 갈 길로 가지 못하고 인위적인 힘에 의해 흘러내린 것을 의미한다. 탑처럼 뾰족하게 쌓은 모래성을 힘을 줘서 옆으로 무너뜨린 모습과 비슷하다.

출처: transportgeography.org.

그러면 3차 사이클에서 비트코인 가격은 어디까지 갔어야 정상이었을까? 이미 끝난 일로 왈가왈부해 봐야 아무 소용 없겠지만 추론은 가능하다. 가장 합리적인 방법은 기존 사이클의 패턴을 3차 사이클에 대입해 보는 것이다.

23

패턴을 활용한 비트코인 가격 예측 모델

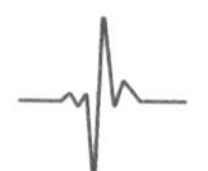

신뢰할 만한 가격 예측 모델

기존 사이클들의 패턴을 활용해 앞으로 일어날 사이클을 예측하는 가장 신뢰할 만한 방법은 무엇일까? 흔히 '기하급수적 성장'이란 말을 쓴다. Y축의 상승폭이 시간이 갈수록 더 커지는 모형이다. 반대로 '대수함수적 성장'도 있다. 시간이 갈수록 상승폭이 줄어드는 모형을 말한다.

옆 그림에서 왼쪽 차트 모형이 기하급수적 성장이고, 오른쪽 차트 모형이 대수함수적 성장이다. 비트코인의 경우는 어떨까? 모든 자산은 초기에 위험성이 큰 만큼 가격이 급격하게 오르지만 시간이 지나 성숙

■ 대수함수적 성장 모형에 해당하는 비트코인

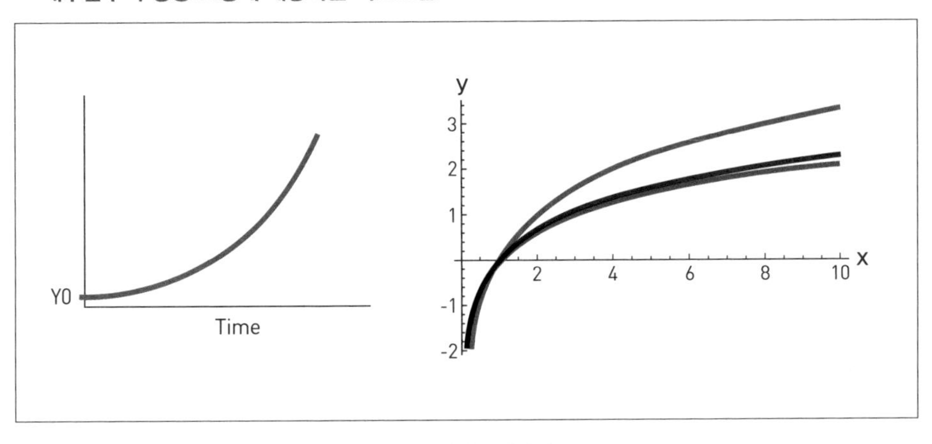

왼쪽이 기하급수적 성장 모형, 오른쪽이 대수함수적 성장 모형이다.

출처: graphpad.com.

해질수록 가격 상승폭이 줄어든다. 따라서 비트코인도 오른쪽의 대수함수적 성장 모형에 해당한다고 볼 수 있다.

비트코인의 대수함수적 성장 패턴을 이용하여 가격을 추측하는 모형 중 레인보우 차트라는 모형이 있다. 레인보우 차트는 2014년 비트코인 커뮤니티에서 처음 만들어진 차트로 이후 수많은 사람들의 손을 거치며 다듬어졌다. 대수회귀함수를 이용하여 기존의 가격 패턴을 계산한 뒤 앞으로 전개 가능한 가격 범위까지 표시한다. 물론 과거의 패턴이 미래의 패턴을 100% 보장해 주지 않으므로, 이 차트를 절대적으로 신뢰할 수는 없고 어디까지나 추측의 용도로만 사용 가능하다. 하지만 적어도 이미 지나간 시점의 패턴은 꽤 정확하게 분석할 수 있다.

레인보우 차트 읽기

레인보우 차트를 읽는 방법을 알아보자. 레인보우 차트는 단어 그대로 레인보우라는 이름에 걸맞게 비트코인 가격 흐름의 각 지점을 일곱 빛깔 무지개 색으로 표현한 것이다. 읽는 방법은 아래와 같다.

■ 비트코인 가격 레인보우 차트

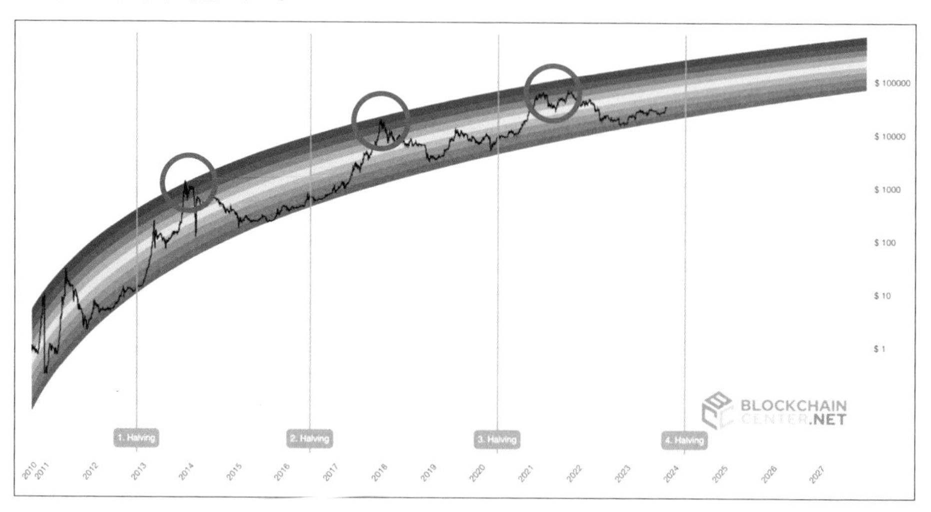

출처: blockchaincenter.net.

- 파랑: 가격이 매우 낮아져 매수하기 좋은 지점. 보통 각 사이클의 최고 바닥 구간이다.
- 초록: 가격이 바닥 단계에서 벗어나 계속 상승할 것으로 예상되는 지점. 가격 반전이 일어나기 시작하는 시기다. 파란색 구간에서 매수에 도저히 손이 나가지 않는 투자자들이 진입하기 좋은 지점이다.
- 노랑: 가격이 확실하게 오르기 시작하는 강세장의 초입. 성급한 투자자들은 이 지점

에서 이익을 실현하지만, 노련한 투자자들은 추세가 지속되는지 살펴보며 매도를 보류한다.

- 주황: 본격적인 강세장. 신중한 투자자는 이 지점에서 일부 이익 실현을 시작한다. 가격이 오른다는 소식에 새로운 투자자들이 급격히 증가하면서 가격이 폭발적으로 상승한다.
- 빨강: 가격이 최고점에 도달하여 거품이 터지기 일보 직전의 상태. 각 사이클의 최정점이다. 얼뜨기 투자자들이 불나방처럼 달려드는 시기이기도 하다. 노련한 투자자들은 이 시기에 갓 들어온 투자자들에게 물량을 넘기고 떠난다.

레인보우 차트에 따르면 지난 1차, 2차 반감기에는 가격이 모두 최정점인 빨간색 영역의 가장 꼭대기까지 도달했음을 알 수 있다. 즉, 거품의 최정상까지 가 닿았다. 하지만 3차 반감기에는 꼭대기는커녕 빨강 지점까지도 도달하지 못한 채 가격 상승이 멈췄다. 외부 악재로 상승세가 꺾이며 '쌍봉'이 만들어진 탓이다. 만약 '쌍봉'을 만들지 않고 지난 사이클들처럼 최정상까지 도달했다면 어디까지 올랐을까?

레인보우 차트에 근거해 추론해 보면 3차 사이클의 원래 최고 상승 지점은 (물론 가능성이지만) 약 10만 달러에서 12만 달러 사이였다. 그러니까 대략 11만 달러 정도까지는 올랐어야 했다는 얘기다. 만약 외부 악재가 없어서 11만 달러 정도까지 올랐다면 상승률은 얼마나 될까? 바닥 가격을 기준으로는 21.5배가 아니라 34배가 되고, 전고점을 기준으로 하면 3.5배가 아닌 5.5배가 된다. 어느 쪽으로 계산하든 원래보다 1.6배 정도는 더 올랐어야 했다. 즉, 3차 사이클에서 상승폭이 크게 줄어든 것은 어디까지나 외부 압력으로 인한 것이었으며, 비트코인 가격이 원래 올랐어야 할 지점까지 못 올랐다는 사실을 알 수 있다.

4차 사이클은 다르다

하지만 이제부터 다가올 4차 사이클은 다르다. 공급 충격과 수요 충격이 맞물리고 거기에 더해 기관과 투자조합 등의 대규모 채택까지 진행되는 슈퍼 사이클이다. 즉, 2024~2025년에 찾아오는 슈퍼 사이클에서는 비트코인 가격이 최상단 꼭대기인 빨간색까지 갈 수 있다는 뜻이다. 그렇게 되면 가격은 얼마까지 오를 수 있을까? 그 해답을 알기 위해서는 이번 슈퍼 사이클이 언제까지 진행될지를 먼저 살펴봐야 한다.

24

비트코인 사이클, 한 바퀴 도는 데 얼마나 걸려?

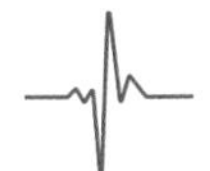

새로운 반감기까지 47개월

비트코인 사이클의 진행 과정과 기간을 추측하기 위해서 과거 사이클의 패턴을 다시 한번 살펴보자. 우선 4년을 일수로 환산하면 약 1,460일이다. 이전 반감기가 지나고 나서 어느 정도 시간이 지나서 새로운 비트코인 반감기가 찾아왔을까?

- **2차 반감기:** 1차 반감기 이후 1,320일 경과
- **3차 반감기:** 2차 반감기 이후 1,400일 경과
- **4차 반감기:** 3차 반감기 이후 1,450일 경과(예상)

시가총액이 커지고 채굴이 어려워지면서 점차 사이클 기간이 길어지고는 있지만, 일반적으로 4년보다 반감기가 조금씩 빨리 진행되는 것을 알 수 있다.

그리고 반감기 기간만큼이나 중요한 것이 있는데, 바로 가격 사이클이다. 일단 시가총액이 너무 작았던 탓에 사이클 기간이 유독 짧았던 1차 사이클을 제외하고 2차, 3차 사이클을 기준으로 살펴보면 다음과 같다.

■ 사이클별 기간

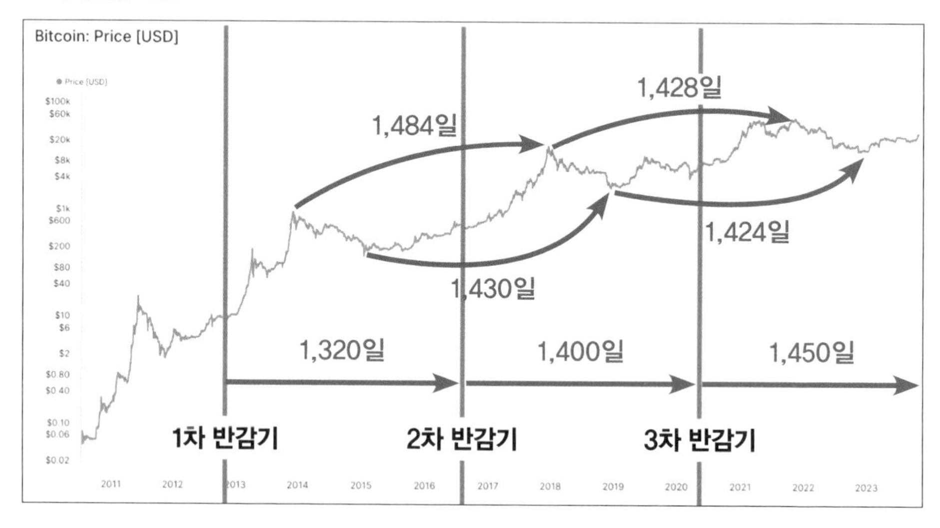

출처: glassnode.com.

- 이전 사이클의 바닥 가격에서 다음 사이클 바닥 가격까지 평균: 1,430일
- 이전 사이클의 최고 가격에서 다음 사이클 최고 가격까지 평균: 1,457일

바닥이냐 천장이냐 중 어느 쪽을 기준으로 하느냐에 따라 약간씩 달라지긴 하지만 전반적으로 4년인 약 1,460일보다 조금씩 더 빠르게 진행되었음을 알 수 있다. 그리고 그 기간은 기준을 어디에 두느냐에 상관없이 크게 차이가 나지는 않는다. 대략 4년에서 1개월 안쪽을 뺀 기간이라고 보면 된다. 그러니까 각 사이클의 기간은 47~48개월 정도라고 얘기할 수 있다.

너무 당연한 얘기라고 할 수도 있겠지만, 다음에 올 사이클의 가격 흐름을 정확히 맞출 수 있는 사람은 없다. 언제가 바닥인지, 언제가 고점인지 전부 알 수 있다면 그건 인간이 아닐 것이다. 하지만 앞에서 살펴본 지난 사이클들의 패턴을 통해 합리적인 추론은 가능하다.

자산 규모가 너무 작았던 1차 사이클은 제외하고 2~4차 사이클만을 기준으로 하면 다음과 같다.

- **전체 사이클 기간 평균: 약 1,425일**
- **사이클 고점 간의 기간 평균: 약 1,456일**
- **사이클 저점 간의 기간 평균: 약 1,427일**
- **위 3개 기간 평균 = 1,436일**

비록 평균에 입각한 추론에 불과하지만 사이클 전체의 가격 순환 기간은 대략 4년에서 1개월을 뺀 47개월 정도로 잡으면 무난하다고 생각된다. 현재 바닥이라면 이전 사이클 최저 가격에서 대략 47개월 지난 지점이 새로운 바닥이 될 것이고, 마찬가지로 천장이라면 이전 사이클 최고 가격에서 47개월 지난 지점이 새로운 천장이 될 것이다(물론 추론 이다). 이 기간을 기준으로 삼아 이전 사이클에서 매수하기 좋았던 시기가 언제였는지 살펴보자.

25

비트코인, 언제까지 사도 될까?
(반감기 전반전 – Pre Halving)

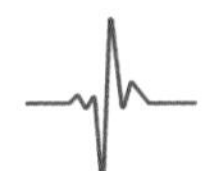

매수 시점과 수익률

우선 반감기를 기준으로 하여 그 이전에 매수를 시작할 경우 매수 시점에 따라 수익률이 어떻게 변화하는지 살펴보자. 마찬가지로 가격 변동이 너무 심했던 1차 반감기는 제외한다(참고로 반감기 이전 시기를 '반감기 전반전 - Pre Halving'이라고 부른다).

2차 반감기 전반전(누적 수익률 기준)

- **페이즈 1** 반감기 2년 전 매수~반감기까지: +5.6%
- **페이즈 2** 반감기 1년 6개월 전 매수~반감기까지: +123%

- **페이즈 3** 반감기 1년 전 매수~반감기까지: +143%
- **페이즈 4** 반감기 6개월 전 매수~반감기까지: +46%

3차 반감기 전반전(누적 수익률 기준)

- **페이즈 1** 반감기 2년 전 매수~반감기까지: +1.6%
- **페이즈 2** 반감기 1년 6개월 전 매수~반감기까지: +34%
- **페이즈 3** 반감기 1년 전 매수~반감기까지: +19%
- **페이즈 4** 반감기 6개월 전 매수~반감기까지: −1.8%

2차 반감기와 3차 반감기 모두 반감기 2년 전부터 매수를 시작해도 손해는 보지 않았음을 알 수 있다. 하지만 2년 전에 사는 것은 확실히 효율적이지 않다. 기간 대비 수익률이 너무 떨어지기 때문이다. 이전 데이터를 기반으로 했을 때 2년 전 매수는 지나치게 빠른 타이밍임을 알 수 있다.

그럼 언제 효율이 가장 좋았을까? 2, 3차 사이클 모두 반감기 1년 6개월 전~1년 전 사이에 사는 것이 효율이 가장 좋았다. 실제 각 사이클의 바닥도 반감기 1년 6개월 전~1년 전 사이에 존재한다. 또한 반감기 6개월 전부터 반감기까지는 누적 수익률이 크게 좋지 않았는데, 심지어 3차 사이클 당시에는 6개월 전에 샀으면 반감기 때 손해를 봤다는 것을 알 수 있다. 이것은 3차 사이클 당시 반감기 1년 전 즈음 가격이 크게 올랐다 하락하는 큰 변동성 장세가 펼쳐졌기 때문이다. 하지만 어쨌든 반감기 1년 6개월 전부터 반감기까지는 언제 사든 큰 손해를 볼 가능성은 거의 없다. 이 기간은 사이클을 미리 읽은 투자자들이 미리 저가에 매집해 '축적'하는 기간이라고 생각하면 된다. 더불어 각 사이클의 놀라운 상승률(2차 116배, 3차 21.5배)을 생각했을 때 반감기 이전에 아주 큰 상승이 일어날 가능성은 별로 없다는 사실도 알 수 있다.

종합하자면 반감기 1년 6개월 전부터 반감기까지는 돈이 생길 때마다 비트코인을 축적해 나가면 되는 시기란 뜻이다. 크게 손해볼 가능성도 적고, 크게 벌 가능성도 작다. 그렇다고 해서 이 시기를 소홀하게 생각해서도 안 된다. 반감기 전반전은 대부분 각 사이클에서 가격이 최저점을 찍는 시기를 포함하므로 이 시기에 틈날 때마다 모아 놓아야 나중에 아주 큰 상승을 맞이할 수 있다.

26

비트코인, 언제까지 사도 될까?
(반감기 후반전 – After Halving)

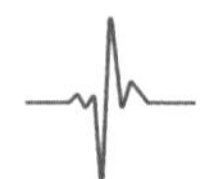

반감기 전반전 vs. 반감기 후반전

축구 경기가 후반전부터 진짜라고 한다면 비트코인 사이클은 반감기 후반전부터가 진짜다. 앞에서 살펴본 '거품 모델'에서도 나왔듯 가격은 결코 선형적으로 오르지 않는다. 천천히 그리고 느릿하게 오르다가 어느 시점에서부터 모멘텀이 붙기 시작하고, 이후 소문을 듣고 몰려온 투기꾼들로 인해 광기의 시간을 보내며 거품의 최고점을 맞이한다. 반감기 전반전은 느릿하게 오르는 시기다. 아직 소문이 나지 않았고, 일부의 눈치 빠른 투자자들만 알고 있는 시기다. 만약 이 책을 4차 반감기 이전에 보고 있다면 기뻐하기 바란다. 바로 그 소수에 들어갈 수 있는 행운을 얻었으니 말이다. 이 시기를 지나서 반감기를 맞이하고 나면 이제 사이클은 후반전으로 접어든다. 그럼 반감기 후반전의 가격 흐름은 기간별로 어떻게 달라질까?

2차 반감기 후반전(누적 수익률 기준)

- **페이즈 1** 반감기~반감기 6개월 후까지: +37%
- **페이즈 2** 반감기~반감기 1년 후까지: +281%
- **페이즈 3** 반감기~반감기 1년 6개월 후까지: +2,094%
- **페이즈 4** 반감기~반감기 2년 후까지: +927%

3차 반감기 후반전(누적 수익률 기준)

- **페이즈 1** 반감기~반감기 6개월 후까지: +82%
- **페이즈 2** 반감기~반감기 1년 후까지: +560%
- **페이즈 3** 반감기~반감기 1년 6개월 후까지: +654%
- **페이즈 4** 반감기~반감기 2년 후까지: +351%

2차 반감기와 3차 반감기 모두 공통된 결과가 나왔다. 반감기 6개월 후까지 가격이 오르긴 하지만, 무지막지한 수준은 아니다. 여전히 거품 수준의 가격은 형성되지 않고 있다는 얘기다. 그래도 기간을 생각하면 나쁘지는 않다. 이전 두 사이클의 반감기 전반전과 평균 수익률을 비교하면, 4차 반감기 전반전 6개월의 평균 수익률은 +22%인 데 반해, 반감기 후반전 6개월은 +60%로 준수한 편이다(6개월 동안 +60% 수익률을 낼 수 있다면 엄청난 투자다).

그러니까 반감기 이전보다 이후로 가면서 확실히 속도가 붙기 시작한다. 이 속도는 반감기 6개월을 넘어가면서부터 점차 가속화한다. 2차 반감기는 페이즈 1보다 페이즈 2가 누적 수익률이 7.6배 높고, 3차 반감기 역시 페이즈 1보다 페이즈 2가 누적 수익률이 6.8배 높다. 2차와 3차 사이클의 페이즈 1 평균 누적 수익률은 +60%이고, 페이즈 2 평균 누적 수익률은 +421%다. 누적 수익률이 갑자기 큰 폭으로 증가한다. 이 얘기는 반감기 후반전 6개월이 지나고부터 본격적으로 가격이 오르기 시작한다는 뜻으로 해석하면 된다. 드디어 광풍이 불기 시작하는 구간이다. 이 광풍은 반감기 후반전 1년을 넘어가면서 절정으로 치닫는다.

2차 사이클의 경우 반감기 후반전 페이즈 3의 누적 수익률이 무려 2,000%가 넘는다. 반감기부터 시작하여 가격이 20배 넘게 올랐다. 3차 사이클 역시 페이즈 3의 누적 수익률이 페이즈 2의 누적 수익률보다 높다. 실제로 2차와 3차 사이클 모두 페이즈 3에 해당하는 반감기 1년 후~1년 6개월 후 사이에 각 사이클의 최고점이 존재한다. 광풍의 정점을 찍는 시기가 바로 페이즈 3이라 할 수 있다.

이 페이즈 3을 넘어 반감기 1년 6개월 후까지 비트코인을 가지고 있으면 어떻게 될까? 이전 사이클 모두에서 누적 수익률이 감소하는 것을 확인할 수 있다. 가격이 정점을 찍고 하락하는 시기인 것이다. 따라서 페이즈 4까지 비트코인을 가지고 있다가 팔았다면 너무 늦게 팔았다는 얘기가 된다.

CHAPTER7

놓치면 크게 후회할 4차 반감기 실전 투자법

2년 뒤…

수많은 사람들이 슈퍼 사이클을 통해 큰 경제적 이익을 얻게 될 것이다.

"내가 지금 이 말을 하는 것은 실제로 그 일이 일어났을 때,
우연이 아닌 예정된 일이었다는 사실을 믿게 하기 위함이다."

당신이 운 좋게 이 책을 발견했다면, 아직 늦지 않았다. 지금부터 배울 실전 투자방법을 참고하여 큰 투자수익을 거두길 바란다. 나와 함께 이 가슴 뛰는 프로젝트에 동참하지 않겠는가?

27

4차 반감기 사이클에선 언제 사서 언제 팔아야 할까?

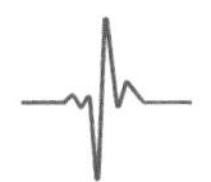

4차 반감기 사이클 페이즈 살펴보기

앞에서 과거 기간별로 비트코인의 적절한 매수, 매도 시기에 대해 알아보았다. 그럼 이제 궁금해지는 것은 다가오는 4차 반감기 사이클에는 언제까지 사서 언제 팔아야 하는가 하는 점일 것이다(물론 안 팔아도 되지만 판다는 가정하에). 우선 4차 사이클에서 반감기 전반전과 반감기 후반전을 페이즈별로 구분해 보자.

반감기 전반전과 후반전의 페이즈를 나눠보면 다음 그림과 같다. 기간별로 자세히 살펴보자.

■ 4차 사이클 예상 시점

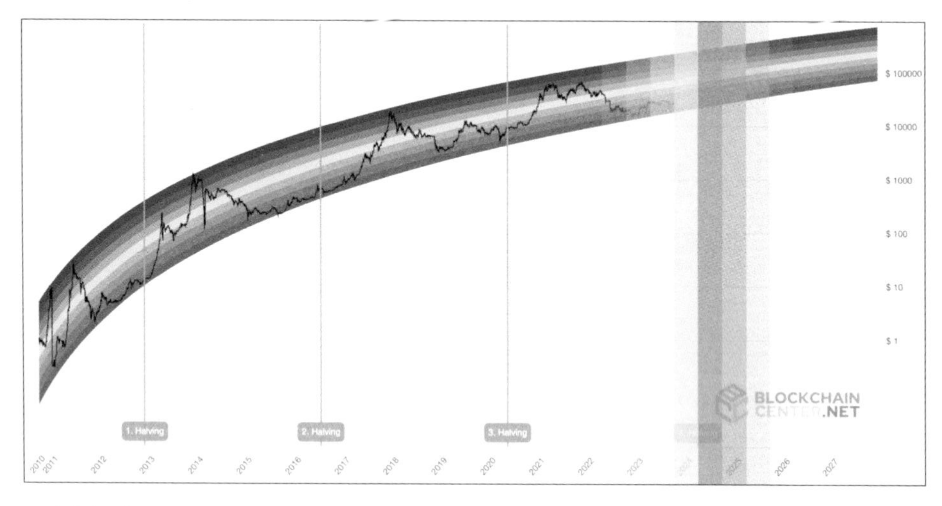

노란색이 4차 반감기 전반전, 초록색이 4차 반감기 후반전이다.

출처: blockchaincenter.net.

4차 반감기 전반전(반감기 2024년 4월 예정)

- **페이즈 1** 2022년 4월~2022년 10월
- **페이즈 2** 2022년 10월~2023년 4월
- **페이즈 3** 2023년 4월~2023년 10월
- **페이즈 4** 2023년 10월~2024년 4월

앞에서 반감기 전반전에 대해서 살펴보았듯, 페이즈 1은 매수하기에 너무 성급한 시기이고 페이즈 2~4까지는 언제 사든 수익률이 크게 다르지 않았다. 또한 수익률이 크게 높지도 않았다. 2차 반감기의 경우 페이즈 2~4의 평균 누적 수익률은 104%였고, 3차 반감기의 경우 17%였다. 2차와 3차 반감기의 평균은 61% 정도였다. 따라서 이 시기에는

언제 사든 반감기까지 대체로 이익을 볼 수 있으며, 시기에 따른 차이도 그리 크지 않다. 4차 반감기가 도래하는 2024년 4월까지는 안심하고 사도 된다는 뜻으로 해석할 수 있다.

문제는 반감기가 지나고 난 이후다. 반감기 후반전은 가격이 본격적으로 오르는 시기이기 때문에 아무렇게나 사서는 안 되고, 언제 사고팔아야 할지를 곰곰이 생각해 볼 필요가 있다. 우선 4차 반감기 후반전을 기간별로 자세히 살펴보자.

4차 반감기 후반전(반감기 2024년 4월 예정)

- **페이즈 1** 2024년 4월~2024년 10월
- **페이즈 2** 2024년 10월~2025년 4월
- **페이즈 3** 2025년 4월~2025년 10월
- **페이즈 4** 2025년 10월~2026년 4월

우선 반감기 후반전 페이즈 1의 기간을 살펴보자. 2차 반감기 당시 페이즈 1에서 37%가 올랐고, 3차 반감기 때는 82%가 올랐다. 반감기가 지나고 최초 6개월은 본격적인 상승이 시작되는 시기로 봐도 된다는 얘기다. 하지만 상승률이 엄청 높지는 않다. 시동을 거는 단계이지 가격이 고공 행진을 하는 시기는 아니라는 뜻이다. 이는 바로 다음 반감기 6개월 후~1년까지의 기간, 즉 페이즈 2를 보면 명확해진다.

- 2차 반감기 페이즈 2 수익률: +281%
- 3차 반감기 페이즈 2 수익률: +560%

반감기 6개월 이후가 진짜 상승장

비트코인 가격이 본격적으로 오르는 시기는 바로 반감기 후반전 페이즈 2에 해당하는 반감기 6개월 이후다. 이때부터가 진짜 상승장의 시작이다. 따라서 가능하면 이 시기 이전에 목표수량까지 매수를 끝내두는 것이 좋다.

■ 3차 사이클의 고점 구간

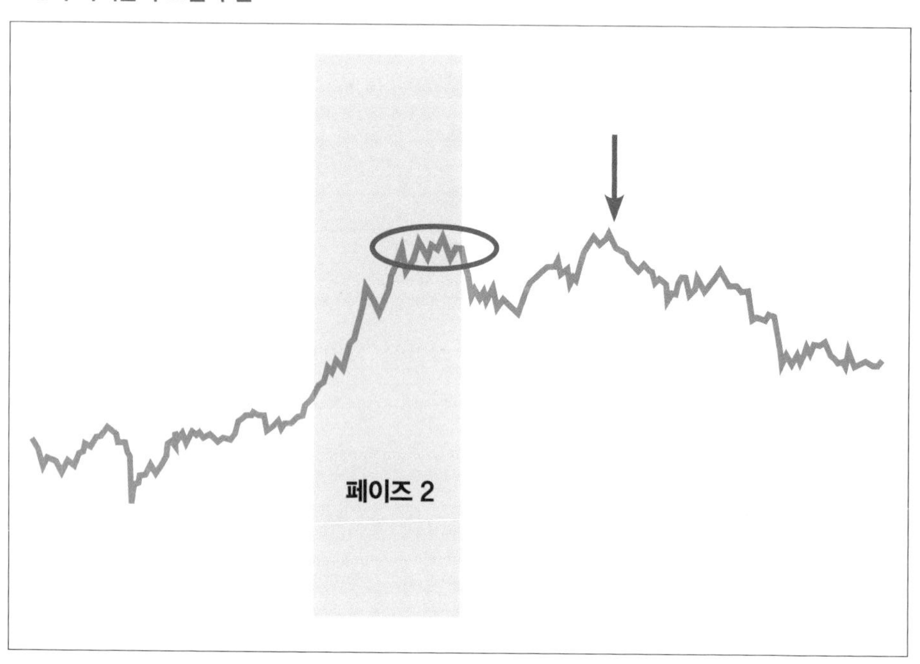

페이즈 2의 고점 구간인 타원형 부근에서 매수한 투자자는 페이즈 3의 고점 구간인 화살표 구간에서 팔지 못했다면 낭패를 봤을 것이다.

그렇다면 4차 반감기 기준으로는 언제일까? 4차 반감기로 예상되는 시기는 2024년 4월 말이므로, 2024년 10월 말까지가 반감기 후반전 페이즈 1에 해당한다. 이 시기까지는 매수를 마치는 것이 좋다. 2024년 10월 말까지는 돈이 있으면 더 사도 좋은 시기라는 뜻이다. 하지만 아마도 이 시기에는 많은 개인 투자자들이 더 사지 못할 것이다. 왜냐하면 본격적으로 가격이 오르는 시기라서 비트코인이 없는 투자자는 들어가기가 겁나고, 비트코인이 있는 투자자는 자기가 원래 샀던 가격보다 가격이 훨씬 비싸져서 선뜻 사기가 어렵기 때문이다.

그럼에도 불구하고 과거의 역사는 이 시기에 더 사라고 말하고 있다. 물론 과거의 기록이 미래를 100% 보장해 주는 것은 아니다. 따라서 이것은 어디까지나 과거 데이터의 분석을 통한 추측에 불과하다. 하지만 비트코인 사이클 패턴은 놀랍도록 비슷하게 반복되고 있기에, 다음 사이클에서도 유사한 상황이 펼쳐질 가능성이 높다. 그 점을 생각한다면, 반감기 후반전 페이즈 1(반감기로부터 6개월 후)까지는 용기를 내서 사도 좋은 시기라고 정의할 수 있다.

자, 그럼 2024년 11월 이후 페이즈 2로 접어들면 어떻게 해야 할까? 이때도 사실 기록상으로는 여전히 사도 좋은 시기다. 2차 반감기의 경우 페이즈 3에서 누적 수익률이 무려 2,094%로 페이즈 2와 비교도 할 수 없을 만큼 가격이 폭발적으로 올랐다. 3차 반감기 역시 페이즈 3이 누적 수익률 654%로 페이즈 2보다 높았다. 그러니까 파는 타이밍만 잘 잡았다면 페이즈 2에서 사도 손해는 보지 않았단 얘기다.

하지만 이것은 파는 타이밍을 잘 잡았을 때의 얘기고 그렇지 않았다면 손해를 봤을 가능성도 있다. 특히 3차 반감기의 경우 가격 고점이 '쌍봉' 형태로 나타났기에 더욱 그렇다. 따라서 페이즈 2(2024년 10월~2025년 4월까지)는 매수하기에 조금 조심스러운 구간임이 분명하다. 이 시기는 더 사기보다는 가진 물량을 잘 보존해야 하는 구간, 즉 홀딩해야 하는 구간으로 생각하면 된다. 그럼 왜 팔면 안 되고 잘 보존해야 할까? 그 이유는 바로 페이즈 3이 이어지기 때문이다.

- **2차 반감기 페이즈 3 수익률: +2,094%**
- **3차 반감기 페이즈 3 수익률: +654%**

반감기 후반전의 페이즈 3이야말로 각 사이클의 가격이 최고점을 찍는 시기다. 이 시기의 누적 수익률이 가장 좋은 것은 말할 것도 없다. 특히 2차 반감기의 경우 페이즈 2에서 팔았을 때와 페이즈 3에서 팔았을 때 수익률 차이가 10배 가까이 날 수도 있었다. 3차 반감기 때도 마찬가지였다. 페이즈 2의 시작 부근과 페이즈 3의 고점 부근에서 팔았을 때 수익률 차이가 최대 6배 가까이 났다. 그러니까 페이즈 2에서 함부로 팔면 안 된다는 얘기다. 단 몇 개월의 매도 시기 차이로 수익률이 수 배에서 십수 배까지 차이 날 수도 있다. 이 얘기는 페이즈 3이야말로 매도하기 최적의 타이밍이라는 뜻도 된다. 이 시기에 각 사이클 고점이 있으며 누적 수익률도 가장 높다. 또한 페이즈 4로 넘어가면 하락기가 시작된다. 따라서 페이즈 3이 최고의 매도 적기이고 4차 반감기 기준으로는 2025년 4월~2025년 10월에 해당한다.

정리해 보면 다음과 같다.

2024년 4월까지: 언제 매수해도 좋은 시기
2024년 10월까지: 여전히 매수해도 좋은 시기
2025년 4월까지: 매수보다는 보유가 나은 시기
2025년 10월까지: 매도하기 좋은 시기

28

어떻게 사서, 어떻게 팔아야 할까?

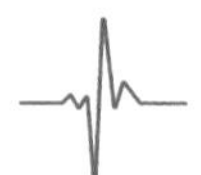

어떻게 사야 하나?

자, 이제 사야 하는 시기와 팔아야 하는 시기를 모두 알았다. 하지만 여전히 문제는 남아 있다. 어떻게 사서 어떻게 팔아야 하느냐는 것이다. 2024년 10월까지는 여전히 사도 좋다고 했는데, 그냥 한 번에 다 사면 될까? 2025년 이후로는 매도하기 좋은 시기라고 했는데, 언제 팔아야 할까? 구체적인 시기와 방법이 궁금할 것이다.

우선 4차 반감기가 시작되는 2024년 4월까지는 언제 사든 손해를 볼 가능성이 별로 없고, 수익률도 아주 크게 차이 나지는 않는다고 했다. 따라서 이 시기는 공격적으로 매수해도 좋은 시기다. 하지만 그렇다고 해서 언제든 사도 되는 것은 아닐 것이다. 분명 이 시기에도 가격의 변동성은 있기 때문에 사기에 더 좋은 때와 나쁜 때가 있다. 하지만 우리가 단기간에 비트코인 가격이 어떻게 변할지 미리 알 방법은 없다. 사이클 전체로 보면 페이즈에 따라 어떤 흐름이 나타날지 예측할 수 있지만, 당장 한두 달 사이의 가격 변화는 알 수 없다. 그럼 어떻게 해야 할까? 여기서 가장 좋은 매수 방법이 등장한다. 바로 '분할 매수'다. 분할 매수란 말 그대로 나눠서 사는 것을 말한다. 조금 더 세밀하게 얘기하자면 '비용 평균 매수법**DCA: Dollar Cost Averaging**'이 가장 좋다. 비용 평균 매수법이란 단어 뜻 그대로 매일 똑같은 금액으로 나눠서 사는 방법이다.

예를 들어, 3,000만 원의 투자금으로 3개월에 걸쳐 매수하고 싶다면, 대략 한 달에 1,000만 원씩 매수하면 된다. 이걸 다시 30으로 나누면 하루에 33만 원 정도씩 매수하면 된다. 묻지도 따지지도 말고 매일 같은 금액으로 나눠서 사는 것. 이게 바로 비용 평균 매수법이다. 왜 이렇게 해야 할까? 단기적인 가격 변화를 예측할 수 없기 때문이다. 오늘부터 가격이 오를 것이란 확신이 있다면 그냥 오늘 전 재산을 다 쏟아붓는 게 가장 좋다. 그런데 내가 사고 난 다음부터 가격이 내리기 시작한다면? 반대로 오늘부터 가격이 내릴 거란 확신이 든다면 사지 말고 기다렸다가 바닥에서 한 번에 다 사는 게 좋다. 그런데 안 사고 기다렸더니 가격이 계속 오른다면? 어느 쪽도 생각하기조차 싫은 최악의 결과다. 당신은 오늘부터 가격이 오를지 내릴지 단기적인 가격의 방향을 읽을 수 있는가? 읽을 수 있다면 그렇게 하면 된다. 하지만 나를 비롯해 이 책의 독자 대부분에게는 아마 그런 능력이 없을 것이다. 따라서 매일 같은 금액으로 나눠 사는 방법을 통해 위험을 최소화해야 한다. 이렇게 리스크를 최대한 평준화하는 것을 '리스크 노멀라이징'이라고 한다. 아래의 표를 보자.

■ **비트코인을 비용 평균 매수법으로 샀을 때의 누적 수익률(2023년 10월까지)**

매수 시작 시기	누적 수익률
2016년	1,183.8%
2017년	410.8%
2018년	199.8%
2019년	155.6%
2020년	77.7%
2021년	16.4%
2022년	37.5%
2023년	33.5%

이 표는 비트코인을 각 매수 시작 시기부터 2023년 10월까지 매일 똑같은 금액만큼 매수했을 때의 누적 수익률을 나타낸다. 알다시피 비트코인은 변동성이 어마어마한 자산이다. 그럼에도 불구하고 어느 시기에 사기 시작해도 손해는 없었다. 심지어 2021년은 2023년보다 평균 가격이 2배가량 높은 시기였다. 그런데 그때 사기 시작한 사람도 수익을 보고 있다. 이것이 무엇을 뜻할까? 장기간에 걸쳐 분할 매수를 한다면 어지간해선 손해 보는 일이 없다는 뜻이다. 변동성을 시간에 녹이며 리스크를 평준화할 수 있다. '비용 평균 매수법'이야말로 가격을 미

리 읽을 수 없는 평범한 투자자들에게는 최적의 매수 방법이다.

얼마나 오래 사야 하나?

그럼 다음으로 이런 의문이 들 것이다. 대체 어느 정도 기간에 걸쳐서 나눠 사야 하는 걸까? 이 질문에 대한 대답은 앞에서 살펴본 과거 데이터를 다시 보면 알 수 있다.

- **2024년 4월까지:** 언제 매수해도 좋은 시기
- **2024년 10월까지:** 여전히 매수해도 좋은 시기
- **2025년 4월까지:** 매수보다는 보유가 나은 시기
- **2025년 10월까지:** 매도하기 좋은 시기

반감기 6개월 후인 2024년 10월까지는 여전히 매수하기 좋은 시기다. 따라서 이 시기까지는 나눠서 사는 것이 좋다. 만약 본인이 공격적인 투자자라면 매수 최적기인 2024년 4월까지 매수를 끝마치는 게 좋겠지만, 그러면 매수 기간이 너무 짧아질 수 있다. 매수기간이 너무 짧으면 '분할 매수'의 장점이 사라진다. 그러므로 공격적인 투자자를 제외하고는 2024년 10월까지 분할로 매수하면 된다. 만약 당신이 이 책을 2024년 3월에 봤다면 10월 말까지 대략 7~8개월간, 6월에 봤다면 4~5개월간 분할로 매수하면 된다.

29

반감기 후반전,
가격이 정상을 향해 내달릴 때

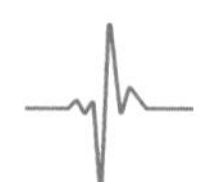

성향별 투자 시기

다음 수익률을 한번 보자.

2차 반감기 후반전 페이즈 2 수익률: +281%

3차 반감기 후반전 페이즈 2 수익률: +560%

반감기 후반전이 6개월 정도 지나고 나면 비트코인 사이클은 점입가경으로 치닫게 된다. 본격적인 상승장이 시작되는 시기가 바로 이때다. 그럼 이때부터 비트코인 투자에 어떤 방식으로 접근해야 할까? 세 가지 패턴으로 나눠볼 수 있다.

- **단기 투자자:** 상승장이 본격화하는 시기이므로 짧은 타이밍에 치고 빠질 각오로 임한다.
- **중기 투자자:** 매수 타이밍에 주의하며 가격이 조정받는 시기를 노린다.
- **장기 투자자:** 가급적 부채 없이 본인 자금만으로 매수하고, 레버리지를 통한 축적분은 정리할 준비를 한다.

반감기 6개월 이후의 페이즈 2는 가격이 급격하게 올라가는 시기이므로, 단기 투자자라면 오히려 더 접근하기 좋은 시기일 수 있다. 변동성이 확대되는 시기라서 빠르게 차익실현이 가능하고 투자 기회도 많기 때문이다. 따라서 이 시기에 본격적으로 투자하려면 타임 프레임을 좁게 잡고 가는 편이 유리하다. 만약 6개월에서 1년 정도의 타임 프레임을 가진 중기 투자자가 이 시기에 매수한다면 타이밍을 신경 쓸 필요가 있다. 이 시기는 아무 때나 사도 큰 이익을 보는 시기는 아니다. 하지만 사는 타이밍이 좋다면 비교적 짧은 기간에 큰 수익을 거둘 가능성도 있는 시기이므로 매수 타이밍이 중요하다.

중기 투자자가 이 시기에 매수한다면 가능한 한 가격이 오르는 때보다는 조정받는 타이밍을 선택하는 편이 유리하다. 뒤 페이지의 그림에서 화살표로 표시한 부분이 지난 3차 사이클에서 가격이 20~30% 정도 조정받은 타이밍이다. 이때를 노려서 매수했다면 아주 빠른 기간(1개월 이내)에 20% 이상 이익을 얻었을 것이다. 특히 첫 번째 화살표의 조정 구간에서 매수했다면 이후 3개월 정도 만에 2배 이상 수익을 낼 수 있었다. 이처럼 페이즈 2에도 단기 혹은 중기 정도의 타임 프레임으로 접근한다면 매수하기 좋은 시기가 여전히 존재한다.

■ 3차 사이클 반감기 후반전 페이즈 2의 매수 적기

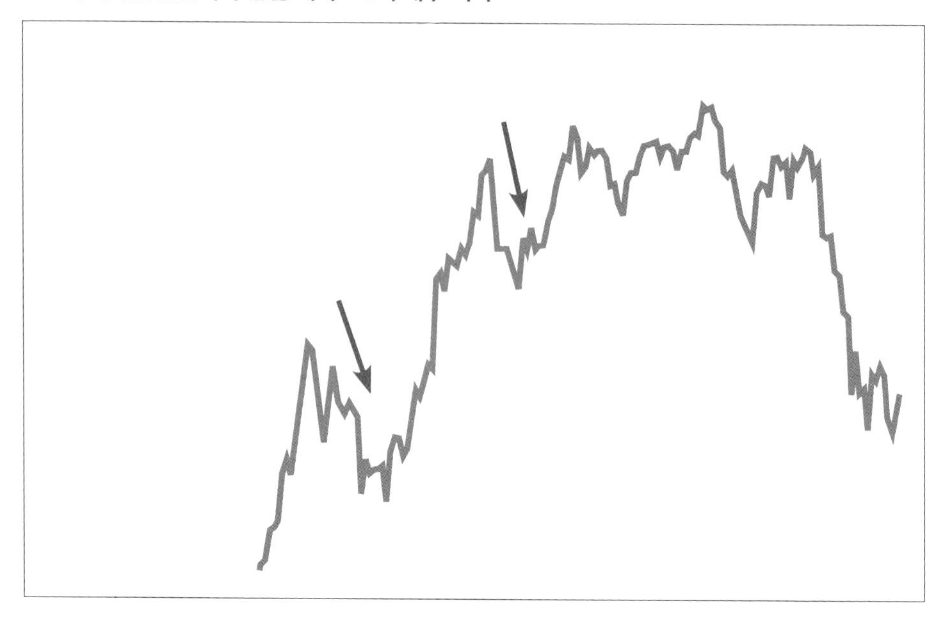

단, 타임 프레임이 수년에 걸쳐 있는 장기 투자자의 경우 이 시기에 적극적으로 매수할 필요는 없다. 상승장이 끝나고 하락장이 오면 이 시기보다 가격이 더 내려갈 수도 있기 때문이다. 지난 3차 사이클의 경우 페이즈 2의 최저가격은 15,700달러 정도였고, 최고 가격은 63,000달러 정도였다. 그런데 이로부터 거의 2년이 지난 2022년에 최저 가격이 15,800달러 근처까지 떨어져 거의 2년 전 페이즈 2 가격으로 되돌아갔다. 이러한 점을 생각한다면 타임 프레임이 아주 긴 장기 투자자는 이 시기에 아주 적극적으로 매수할 필요는 없고, 특히 부채를 통한 매수는 자제할 필요가 있다.

30

반감기 1년 이후, 가격이 최고점을 형성할 때

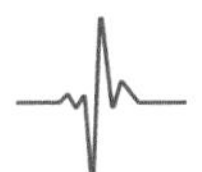

사이클의 최정점, 무엇을 해야 하나?

반감기 1년이 지나 후반전 페이즈 3에 접어들면 이제 사이클의 최정상이 머지않았다. 지난 사이클들에서 항상 이 시기에 가격이 최고점을 형성했고, 이후 1년 넘게 하락추세가 이어졌다. 따라서 단기, 중기 투자자라면 이 시기에 매도를 고려해야 한다. 또한 장기 투자자라 할지라도 부채를 활용한 투자는 최대한 지양할 필요가 있는 시기다. 그럼 최고의 매도 적기는 언제일까?

각 사이클에서 가격이 최고점을 찍은 타이밍에는 놀랄 만한 공통점이 하나 있다. 지난 2차, 3차 사이클에서 모두 반감기 이후 거의 정확히

■ 2차, 3차 사이클 당시 반감기부터 가격 최고점까지 걸린 기간

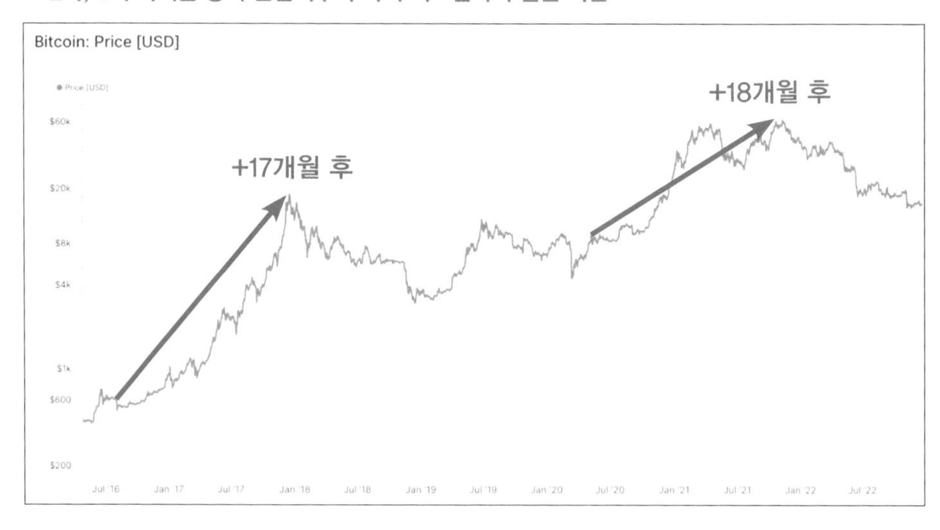

출처: glassnode.com.

17~18개월 후, 그러니까 대략 1년 반 정도가 지난 시점에 가격이 최고점을 기록했다는 사실이다(참고로 1차 사이클의 경우 13개월 후에 최고점을 기록했다). 이것은 우연일 수도 있고 필연일 수도 있다. 물론 비트코인 사이클의 반복되는 메커니즘을 생각하면 100% 우연은 아닐 것이다. 이번에도 비슷한 일이 펼쳐진다고 가정할 때 4차 반감기의 최고점은 언제일까? 현재 예상되는 4차 반감기 시점은 2024년 4월 말이다. 따라서 여기에 17~18개월을 더해 보면 2025년 9월 말~10월 말 사이가 최고점이 될 가능성이 높다. 하지만 이것은 어디까지나 추측일 뿐이므로 맹신은 위험하다. 우리는 이보다 더 합리적이고 안전한 탈출계획을 세워야 할 필요가 있다.

분할 매도는 언제나 옳다

3차 사이클에서도 확인했듯 비트코인 가격은 외부 요인에 의해서도 얼마든지 좌지우지될 수 있다. 또한 과거 두 차례의 역사를 살펴본 투자자들이 먼저 매도를 시작할 가능성도 있다. 이런 여러 가지 리스크를 감안했을 때 최고점까지 기다렸다가 한 번에 매도하려고 하는 것은 매우 위험하다. 기다리다가 타이밍을 놓칠 가능성도 크기 때문이다. 그렇다면 어떤 식으로 매도해야 가장 안전하면서도 효율적일까? 가장 좋은 방법은 매수할 때 썼던 방법과 동일한 '분할 매도'다. 처음 진입할 때도 분할 매수를 통해 리스크를 평준화했다면, 탈출할 때 역시 마찬가지로 분할 매도를 통해 리스크를 낮추면 된다.

가장 안전한 방법은 페이즈 3 전체를 통틀어 분할로 매도하는 방법이다. 그러니까 반감기 이후 1년이 지난 시점부터 이후 6개월 동안 매일 같은 양을 나눠서 파는 것이다. 이렇게 하면 가장 확실하고 안전하게 매도할 수 있다. 하지만 이게 꼭 최선은 아닐 것이다. 왜냐하면 페이즈 3의 후반부로 갈수록, 그러니까 반감기 이후 1년 6개월에 가까워질수록 가격이 더 올라서 최고점을 찍을 확률이 높기 때문이다. 그렇다면 페이즈 3이 시작되자마자 매도를 시작하는 것은 수익률 측면에서 큰 손해로 이어질 수도 있다. 만약 본인이 조금 더 공격적인 투자자라면 시기를 조금 조정하는 것도 가능하다. 예를 들어 페이즈 3의 전반 3개월은 계속 보유하다가, 가격이 최고점을 찍을 가능성이 높은 후반 3개월 동안 분할 매도를 하는 것이다. 하지만 이 방법은 사이클 최고점이 앞당겨질 경우에는 오히려 손해가 될 수 있다. 따라서 절충안으로 차등 분할 매도를 시행하는 것도 생각해 볼 수 있다. 차등 분할 매도란, 가격이 더 오를 가능성이 있는 페이즈 3의 전반부에는 조금씩만 분할로 매도하고, 가격이 최고점을 기록할 가능성이 높은 페이즈 3의 후반부에 더 많이 분할로 매도하는 방식이다. 예를 들면 다음과 같다.

페이즈 3을 총 6개월로 나눴을 때 다음과 같이 분할로 매도한다.

- 1~2개월째: 20% 매도
- 3~4개월째: 30% 매도
- 5~6개월째: 50% 매도

위와 같이 페이즈 3 후반부에 더 많이 팔지만 혹시 모를 경우를 대비해 전반부에서부터 분할 매도를 시작하면, 사이클이 예상보다 일찍 끝나더라도 미리 매도를 시작했기 때문에 수익률을 어느 정도 보장받을 수 있다. 또한 사이클이 예정대로 반감기 이후 17~18개월째에 끝난다고 하더라도, 후반부에 더 많은 물량을 매도했기 때문에 역시나 수익률이 보장된다. 따라서 페이즈 3의 전반부부터 매도를 시작하되 후반부로 갈수록 매도물량을 늘리는 방식을 사용한다면, 안전성과 수익성을 모두 챙길 수 있는 적절한 타협점이 될 것이다.

31

완벽한 예언은 불가능하다

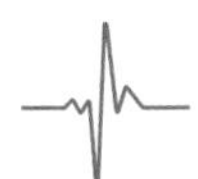

2024년이 기회라는 것만은 분명하다

지금까지 비트코인 사이클의 시작부터 끝까지 모두 살펴보았다. 그리고 각각의 기간별 특성을 알아보았고, 언제 어떻게 매수를 시작해서 어떻게 매도해야 할지까지 모두 살펴보았다. 이제 마지막으로 남은 질문은 '슈퍼 사이클'에서 비트코인 가격이 대체 어디까지 오를 수 있을까? 하는 것뿐이다. 사실 이 질문에 답할 수 있는 사람은 아무도 없다. 신이 아닌 이상 1~2년 후의 가격을 예측하는 것은 불가능하기 때문이다. 따라서 가격이 어디까지 오를지 완벽하게 예언할 수는 없지만, 과거의 데이터를 토대로 '이 정도까지는 가능성이 있지 않을까?' 하고 기대해 볼 수는 있다.

일단 이번 4차 사이클에서 비트코인 가격이 정점을 찍을 것으로 예상되는 유력한 시기가 2025년 9~10월 말이라는 것은 앞에서 살펴봤던 대로다. 그렇다면 이 시기에 가격이 어디까지 오를 수 있을까? 정답은 없겠지만 과거 데이터를 토대로 가능성을 추측해 보기 위해 역시 앞에서 함께 공부했던 레인보우 차트를 다시 가져와보자.

■ 레인보우 차트로 추측해 보는 2025년 9~10월 말 비트코인 가격

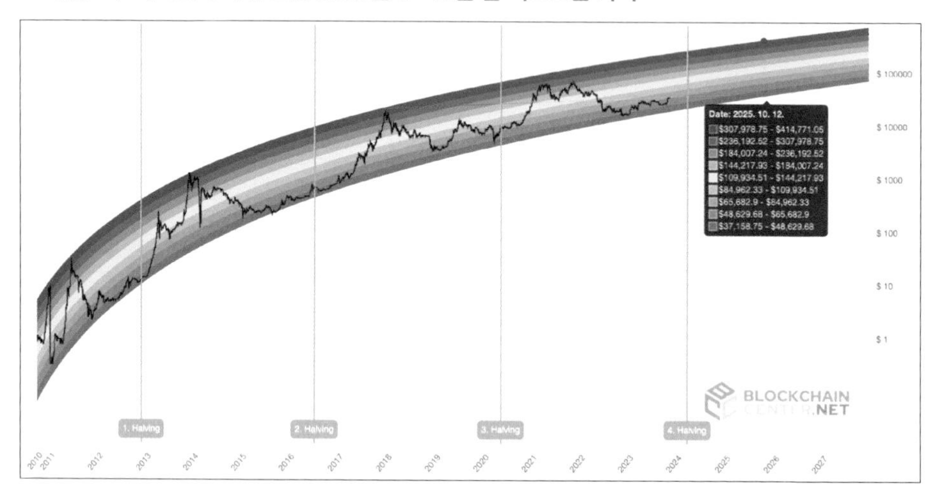

출처: blockchaincenter.net.

2025년 9월 말에서 10월 말까지 기간 중 대략적인 중간 지점에서 예상되는 가격은 다음과 같다.

- ● 빨강: 307,979~414,771달러
- ● 연빨강: 236,193~307,979달러
- ● 주황: 184,007~236,193달러

3차 반감기 당시에는 가격이 빨강 영역까지 도달하지 못하고 바로 아래 영역에서 멈췄다. 그 이유는 앞에서도 설명했듯, 강한 외부 악재로 인해 사이클 도중에 가격이 큰 폭으로 하락했기 때문이다. 하지만 4차 사이클은 슈퍼 사이클이 될 것으로 예상되는 만큼 빨강 영역까지 충분히 도달할 수 있을 것이다. 그 경우 가격은 30만~40만 달러 사이 어딘가를 향해 오를 가능성이 있다. 조금 보수적으로 생각해서 가격이 연빨강과 빨강 사이 어딘가쯤에 도달한다고 해도 두 영역의 평균 가격인 약 32만 5,000달러 부근까지는 오를 수 있을 것으로 생각된다.

물론 이것은 확정된 값이 아니라 어디까지나 추측이라는 사실을 잊어서는 안 된다. 과거 데이터에 근거해 계산해 봤을 때 이 정도 가격까지는 충분히 '가능성이 열려 있다'는 얘기다. 만약 가격이 이 정도 수준까지 오른다고 한다면, 2024년까지 비트코인을 매수한 투자자는 언제 매수를 시작했든 단기간에 충분히 높은 수익률을 기대할 수 있을 것이다.

32
슈퍼 사이클이 끝난 뒤에는?

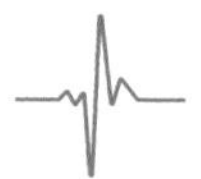

다 팔아야 할까?

슈퍼 사이클이 예상되는 최종 시기와 매도 방법까지 함께 공부했다. 하지만 생각해 볼 중요한 문제가 하나 더 남아 있다. 바로 '사이클이 끝날 때 모두 팔아야 할까?'라는 부분이다. 사이클이 끝나면 가격이 하락할 가능성이 크니 당연히 모두 팔아야 할 것으로 생각하기 쉽지만, 꼭 그렇지만은 않다는 점을 얘기하고 싶다. 일단 앞선 사이클들에서 사이클 종료 후의 가격 흐름이 어땠는지 다시 한번 살펴보자. 각 사이클에서 매수 최적기인 반감기 전반전 페이즈 2 기간에 분할 매수를 진행했다고 가정해 보자.

- 2차 사이클 매수 적기(전반전 페이즈 2) 평균 가격: 약 560달러
- 2차 사이클 종료 이후 최저 가격: 약 3,200달러

- 3차 사이클 매수 적기(전반전 페이즈 2) 평균 가격: 약 4,600달러
- 3차 사이클 종료 이후 최저 가격: 약 15,800달러

만약 사이클 초반에 적절하게 매수를 시작했다면, 사이클이 끝나고 가격이 내리는 시점에서조차 여전히 내가 산 가격보다 훨씬 높다는 것을 알 수 있다. 그러므로 장기 투자자의 경우 굳이 사이클 후반에 매도 타이밍을 노리지 않아도 된다. 본인이 비트코인을 5~10년 또는 그 이상 보유할 생각이라면 4년 동안 진행되는 사이클 기간 내에 매도할 필요는 없다. 어차피 가격이 내린다고 해도 여전히 내가 산 가격보다는 훨씬 높은 가격대에서 움직일 것이기 때문이다.

그렇다면 이번 사이클을 뛰어넘어 다음 사이클이나 그다음 사이클까지 내다보며 장기투자를 해도 무방하지 않을까? 사이클이 끝나고 가격이 내릴 가능성이 높다면 일단 팔았다가 내릴 때 다시 사면 더 좋지 않나 하고 생각할 수도 있다. 하지만 그런 기회가 꼭 주어진다고 장담할 수 없으며, 주어졌다 하더라도 적절한 시점에 되살 수 있을 거라고 장담할 수 없다. 많은 개인 투자자가 좋은 자산을 팔고 나서 낭패를 보는 이유가 적절한 때 다시 사지 못하기 때문임을 잊어서는 안 된다. 비트코인 역시 그럴 가능성이 있다.

만약 본인이 중기적인 타임 프레임과 장기적인 타임 프레임을 모두 염두에 두고 비트코인을 매수했다면 어떨까? 이때는 적절히 비중을 조절하여 매도하면 된다. 예를 들어 비트코인을 1억 원어치 매수했는데, 그중 50%는 2~3년 정도의 중기적인 타임 프레임으로 매수한 물량이고, 나머지 50%는 4년 이상 사이클을 뛰어넘는 장기적인 타임 프레임으로 매수한 물량이라면? 간단하다. 그 비중만큼 나눠서 해결하면 된다.

2~3년 정도의 중기적인 관점에서 산 물량 50%는 앞에서 설명한 방식대로 사이클의 종료에 맞춰 매도한다. 다음 사이클까지는 다시 2년 이상 걸릴 것이므로, 이때 매도해야 본인의 시간계획에 맞출 수 있다. 반면에 4년 이상 사이클을 초월하여 매수한 물량은 이때 팔아야 할 이유가 없으므로 그대로 보유한다. 장기투자로 전환하는 것이다. 이렇게 하면 일부 물량은 매도하여 수익률을 챙기면서도 남은 물량을 통해 장기적인 가격 성장을 노려볼 수 있다. 잊지 말자. 적절한 타이밍에 잘 팔았다고 해서 되사는 것도 잘할 수 있을 거라고 장담하지는 못한다는 사실을!

장기적으로 더 상승할 가능성

장기투자 물량을 팔지 말아야 할 중요한 이유가 하나 더 있는데, 바로 비트코인 현물 ETF로 인한 장기적 가격 상승의 가능성 때문이다. 앞에서 보았던 금의 현물 ETF 승인 이후 가격을 다시 한번 살펴보자. 금은 ETF 승인 이후 무려 8년 가까이 장기 상승했다. 기관들이 대규모로 채택하면서 자금이 장기간에 걸쳐 꾸준히 금 ETF로 흘러 들어왔기 때문이다. 같은 일이 비트코인에서도 일어나지 말라는 법이 없다. 기관들이 기존에 가지고 있던 금, 채권, 주식 등의 포트폴리오 일부를 비트코인으로 전환하기 시작하면 자금이 장기간에 걸쳐 꾸준히 들어올 가능성이 있다.

이 경우 비트코인 가격이 원래 사이클인 4년을 뛰어넘어 계속 오를 가능성도 결코 무시할 수 없다. 이럴 경우 사이클만 믿고 매도했던 사

■ **현물 금 ETF 승인 이후 금 가격 추세**

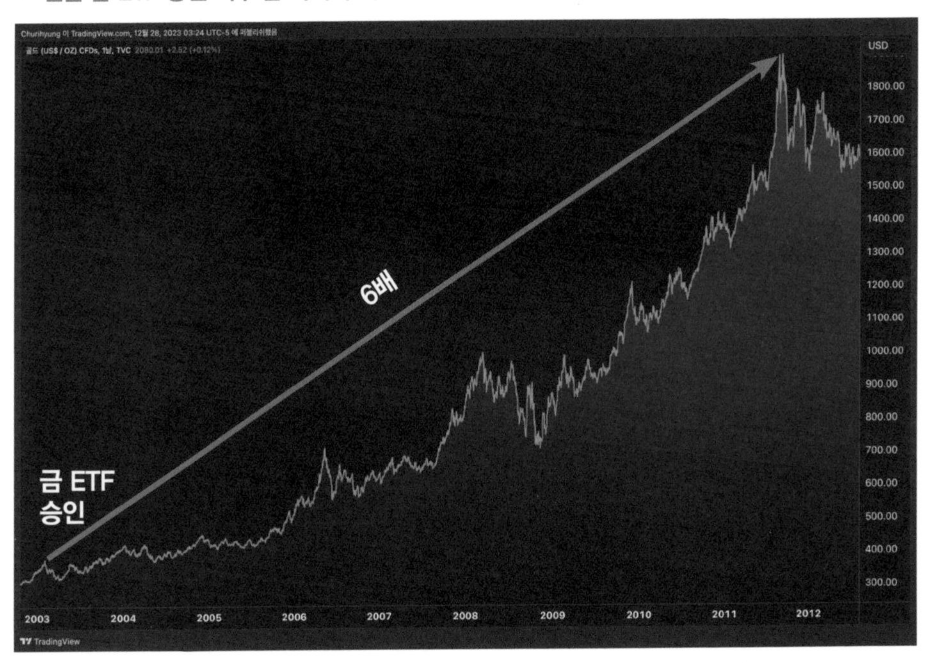

출처: webull.com.

람들은 완전히 헛발 짚는 상황에 처하게 된다. 사이클에 맞춰 가격이 하락한다고 해도 지난 사이클들보다는 그 하락폭이 적을 가능성도 충분하다. 이런 여러 가지 경우의 수를 생각했을 때 장기적인 타임 프레임으로 매수한 비트코인까지 사이클 후반에 팔아야 할 이유는 별로 없다. 오히려 매도함으로써 생기는 리스크가 더 크다고도 할 수 있다.

인생의 기회를 붙잡을 준비가 되었는가?

자, 지금까지 비트코인 4차 사이클의 시작부터 끝까지 모든 가능성을 살펴보았다. 이번 4차 사이클은 어마어마한 가능성을 내재한 슈퍼 사이클이다. 투자 시점에 따라서는 기간 대비 말이 안 될 만큼 막대한 수익률도 기대해 볼 수 있는 커다란 기회다. 살면서 이런 투자 기회를 몇 번이나 만날 수 있을까? 단언컨대 인생에서 몇 번밖에 만나지 못할 엄청난 기회다. 물론 수익 가능성으로만 따지면 슈퍼 사이클보다 더 높은 수익을 기대할 수 있는 기회도 있을 것이다. 하지만 확률과 기간까지 생각했을 때 이 정도로 짧은 기간 안에 믿을 수 있는 확률로 높은 수익률까지 기대할 수 있는 투자 기회는 극히 드물다. 이런 기회를 놓쳐버린다면 아마 나중에 땅을 치고 후회하게 되지 않을까?

설사 투자를 안 한다고 해도 최소한 공부라도 해보고, 스스로 납득이 가지 않아 투자하지 않았다면 억울하지라도 않을 것이다. 제대로 공부조차 하지 않고 그냥 스쳐 보내듯 기회를 흘려버린다면 정말 큰 후회로 남을 것이다. 만약 지금까지 살펴본 내용이 잘 이해가 안 된다면 책을 한 번 더 꼼꼼히 읽고 공부해 볼 것을 추천한다. 물론 불확실한 부분도 많겠지만, 그렇기 때문에 기회가 있는 것이다. 모두가 다 아는 기회는 더 이상 기회가 아니다. 불확실함이 전부 사라지고, 누구나 확신을 가질 때쯤이면 더 이상 기회는 남아 있지 않다. 따라서 이런 기회는 미래를 미리 읽고 발 빠르게 준비하는 자만이 붙잡을 수 있다. 당신은 기회를 붙잡을 준비가 돼 있는가?

CHAPTER8

변하지 않는 비트코인의 절대가치

투자할 때 투자 대상의 가치를 아는 것은 매우 중요하다. 가치를 잘 아는 사람은 가격이 가치보다 내려갈 때 흔들리지 않고, 오히려 저가에 매수할 기회로 삼는다. 쌀 때 더 많이 사두는 것이다. 하지만 가치를 모르는 사람은 가격이 내리면 크게 흔들린다. 당장 내려가는 가격을 보며 공포에 질려 투자를 포기한다. 이것이 장기투자에 성공하는 사람이 거의 없는 이유다.

비트코인의 가격 변동성은 매우 심하다. 제아무리 좋은 타이밍에 비트코인을 매수했다 하더라도 가치를 제대로 모른다면 가격이 내릴 때 투자를 포기할 가능성이 매우 높다. 따라서 비트코인에 투자하려고 마음먹었다면 우선 비트코인이 왜 가치 있는 자산이고, 그 가치는 어느 정도인지를 분명하게 알아둘 필요가 있다.

33

비트코인의 가장 중요한 가치

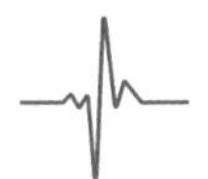

내이티브 디지털 애셋

비트코인은 금을 압도할 정도로 뛰어난 특성을 많이 지니고 있다. 하지만 이것이 비트코인이 가진 가치의 전부는 아니다. 비트코인이 금을 디지털화한 개념으로서 지니는 진짜 중요한 가치는 따로 있다. 그것은 바로 디지털로 현물을 보낼 수 있다는 특성이다.

비트코인은 태생부터 디지털로 이루어진 '내이티브 디지털 애셋 Native Digital Assets'이다. 물리적인 현실 세계에서는 존재하지도 않고 존재할 수도 없다. 오직 디지털 세상 속에서만 실체를 지닌다. 따라서 디지털 세계 안에서는 그 자체로 실존성을 가진다. 앞에서도 예시를 들었듯, 인터넷이 디지털 세계 안에서 그 자체로 실체를 가지면 카카오톡 역시 디지털 세계 안에서 그 자체로 실존한다. 마찬가지로 비트코인 역시 디지털 세계 안에 실제로 존재하는 현물이다.

금, 화폐와 비교하기

그렇다면 금은 어떨까? 금도 인터넷을 통해 디지털로 거래가 가능하다. 하지만 인터넷을 통해 거래하는 금은 실제 금이 아니다. 금은 보관소 안에 고이 모셔 둔 채 인터넷으로 그에 대한 소유 권리증을 주고받는 것에 불과하다. 즉, 실물 기반 자산이다. 일견 '실물 기반'이란 단어가 그럴싸해 보인다면, 이는 아직도 아날로그적 감성에서 빠져나오지 못해 착각하는 것이다. '실물 기반' 자산을 인터넷에서 거래해 봐야 우리는 '실물'을 얻지 못한다. 단지 실물과의 '연결 고리(소유 권리증)'만을 얻을 뿐이다. 문제는 이 연결 고리가 언제든 쉽게 파괴될 수 있다는 것이다. 본인이 가진 금 권리증만큼 금이 실제로 있을 거라고 장담할 수 있는가? 또 본인이 금의 권리증과 실물의 교환을 요구했을 때 보관하는 측이 약속을 지킬 거라고 100% 확신할 수 있는가? 현물 금이 아닌, 금에 대한 권리증을 '페이퍼 골드paper gold'라고 한다. 문제는 단순한 권리증에 불과한 페이퍼 골드가 현물 금보다 훨씬 많이 존재한다는 데 있다.

예를 들어, 내가 1톤의 금을 가지고 있다고 해보자. 나는 이 금으로 최대한 많은 돈을 만들고 싶다. 어떻게 하면 될까? 간단하다. 금 1톤에 대한 권리증을 원하는 만큼 찍어내면 된다. 어차피 현물 금으로 교환을 요청하는 투자자는 거의 없기 때문이다. 하지만 전쟁과 같은 비상 상황이 터지면서 투자자들이 모두 금을 돌려달라고 요청했다고 해보자. 안타깝게도 돌려줄 수 있는 금이 없다. 현물보다 훨씬 많은 권리증을 만들어 팔았기 때문이다. 은행이 뱅크런을 맞는 것과 완전히 같은 구조다. 가지고 있는 것보다 훨씬 많이 권리증을 만들어서 팔았지만, 모두가 일시에 상환을 요청하면 상환이 불가능해져서 파국을 맞게 된다.

그럼 법정화폐는 어떨까? 우리가 날마다 사용하는 인터넷 뱅킹이나 모바일 뱅킹 말이다. 안타깝게도 법정화폐의 경우는 더 심각하다. 법정화폐는 태생부터가 현물이 없다. 애당초 시중에 돌고 있는 돈의 95%는 현물이 없이 신용만으로 이뤄진 '가상의 숫자'다. 시중에 돈이 100억 원 있으면, 종이나 동전으로 된 돈은 5억 원밖에 없고, 나머지는 전부 은행 계좌에 숫자로만 존재한다. 그러면 이렇게 생각할 수 있다. '숫자로만 존재한다면 법정화폐 역시 디지털 현물 아닌가?' 바로 이 지점에서 비트코인이 다른 디지털 현물과 다른 결정적인 차이가 발생한다.

비트코인이 디지털로 존재하는 현물일 수 있는 이유는 에너지를 가지고 있기 때문이다. 비트코인 1개를 채굴하기 위해서는 수천만 원의 비용이 들어가며, 이 비용만큼의 에너지가 비트코인으로 전환된다. 전기 에너지가 통화 에너지로 전환된다고 생각하면 된다. 따라서 비트코인은 자체적으로 가진 에너지를 이용해 다른 대상과 '등가 교환'이 가능하다. 반면에 법정화폐는 어떤가? 법정화폐는 국가의 보증이 없으면 쓰레기에 불과하다(신용이 없는 국가의 화폐 가치를 생각해 보면 알 수 있다). 따라서 법정화폐는 국가 신용에 대한 '권리증'이라고 바꿔 말할 수 있다. 앞에서 페이퍼 골드가 금에 대한 '권리증'이라고 했다. 법정화폐는 국가 신용에 대한 '권리증'이다. 결과적으로 이들은 모두 디지털로 존재하는 현물이 아니다. 뒤에서 보증해 줄 '현물'이 반드시 따로 필요하다. 페이퍼 골드의 경우 현물 금이, 법정화폐의 경우 국가 신용이 그 역할을 한다. 만약 중앙은행 디지털 화폐CBDC를 만든다면? 완전히 동일하다. CBDC 자체는 국가의 신용이 없으면 아무것도 아닌 권리증에 불과하다. 단순히 거래가 전산망(인터넷 뱅킹)을 통해 이뤄지느냐, 블록체인을 통해 이뤄지느냐만 다를 뿐이다.

비트코인은 태생부터 다른 자산이다

여기서 잘 생각해 보기 바란다. 비트코인 이전에 디지털로 현물을 보낼 수 있는 자산이 존재하긴 했던가? 단 하나도 없다. 이전에는 존재하지 않았던, 디지털로 현물 자산을 전송할 수 있는 기술을 처음으로 구현한 것이 비트코인이다. 오직 물리적 자산만을 가질 수 있었던 인류가 처음으로 비물리적 자산을 소유할 방법을 얻었다. 이 비물리적 자산은 파괴와 약탈로부터 자유롭고 보관이나 휴대에 대한 걱정 없이, 사용자의 의지대로 쪼개고 다시 합치는 것이 가능하다. 심지어 지구 반대편으로 순식간에 전송할 수 있고, 그 과정에서 누구의 허락이나 감시도, 도움도 필요 없다. 이것은 단순한 기술의 진보가 아니다. 인류가 물질 세계의 한계를 넘어 새로운 차원으로 나아갈 수 있음을 의미하는 획기적인 발명이다. 불, 전기, 인터넷을 발명한 것과 마찬가지로, 비트코인은 인류의 역사에서 중대한 이정표 역할을 한다. 디지털화된 에너지를 보관하고 전송할 수 있다는 사실 자체로, 우리에게 물질적인 제약에서 벗어나 4차원의 존재로 나아갈 수 있는 가능성을 열어주었기 때문이다.

34

앞으로 비트코인은 강남 아파트와 같아질 것

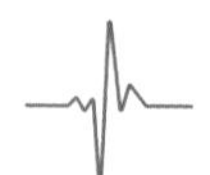

지금과는 위상이 달라질 비트코인

현물 ETF 승인을 통해 전통적인 금융시장에 완전히 통합됨으로써 비트코인은 새로운 자산군을 형성할 것으로 보인다. 이에 따라 향후 다양한 포트폴리오에서 비트코인으로 자산 재분배가 시작될 것이다. 그렇다면 어떤 자산으로부터 어느 정도 금액이 비트코인으로 재분배될 가능성이 있을까?

전 세계 자산시장 규모는 약 900조 달러로 추산되며, 이 중 금이 12조, 자동차와 수집품이 6조, 예술품이 18조, 주식이 115조, 부동산이 330조, 채권 300조, 현금성 자산이 120조 달러 정도다. 비트코인의 독

■ 전 세계 가치저장 시장의 규모

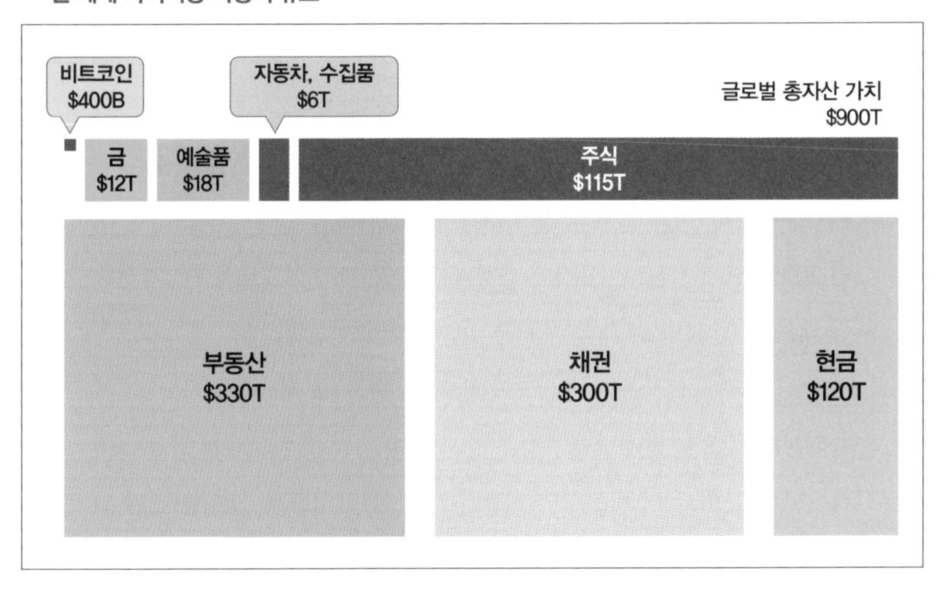

출처: twitter.com/@Croesus_BTC.

특한 특성으로 인해, 이 모든 자산군에서 비트코인으로 자금 이동이 가능하다. 특히 자산으로서 금과 성질이 유사해 금에서 재분배될 가능성이 가장 높다고 할 수 있다. 메트릭포스트의 분석에 따르면, 비트코인 현물 ETF 승인 후 귀금속 ETF에서 약 10%의 자산이 비트코인으로 이동할 것으로 예상된다.

다른 자산군에서도 비트코인으로 자금 이동이 예상되며, 향후 20년 이내에 전체 자산에서 평균적으로 약 10%가 비트코인으로 재분배될 것으로 보인다. 이는 현재 시점에서 900조 달러의 10%, 즉 90조 달러가 비트코인으로 흘러 들어갈 것임을 의미한다. 하지만 20년 후에는 인플레이션의 영향으로 이 금액이 증가할 것이다. 현재 글로벌 자산시장의 예상 수익률이 연간 약 6.5%라고 가정하면, 20년 후에는 이 90조 달러가 약 317조 달러로 증가할 것으로 예상된다. 이 경우, 비트코인의 시가총액이 317조 달러에 이르렀을 때, 비트코인 한 개의 가격은 대략 1,600만 달러, 현재 가격의 약 440배가 될 것이다. 한화로 환산하면 무려 200억 원에 가깝다. 심지어 자산 배분율을 보수적으로 5%로 가정한다 해도, 비트코인 한 개의 가치는 약 100억 원이 된다.

이처럼 비트코인은 기존의 자산군과 경쟁할 때 대단히 매력적인 하나의 자산군으로 인정받을 수 있다. 그에 따라 모든 자산군에서 조금씩 자산을 배분받으면, 비트코인 가격은 향후 폭발적으로 상승할 잠재 가능성이 충분하다. 그런데 비트코인이 다른 자산들과 비교하여 대체 어떤 매력이 있길래, 그 정도로 포트폴리오를 분배받을 가능성이 있다는 것일까?

비트코인의 가장 큰 장점 중 하나는 바로 투자 기간이 길다는 점이다. 이는 투자자들에게 장기적인 가치 보존 및 성장 가능성을 제공한다. 또한 비트코인은 거래 상대방 위험이 없다는 중요한 특징을 가지고 있다. 이 두 가지 요소-긴 투자 기간과 거래 상대방 위험의 부재-는 비트코인을 매력적인 투자 대상으로 만들어 포트폴리오를 분배받을 가능성을 높여준다.

비트코인이 아닌 주식에 투자한다면?

당신이 애플 주식에 투자했다면 투자 예상 기간은 얼마나 될까? 일반적으로 주식의 경우 아무리 길어봐야 10년 정도다. 왜냐하면 지금은 세계 1위 주식이라고 할지라도 10년 후에는 어떻게 되어 있을지 도저히 예측할 수 없기 때문이다. 현재 1위 기업이 10년 후에도 1위 기업일까? 테슬라 같은 기업이 그 자리를 차지할지도 모른다. 그만큼 예측하기 어렵다. 역사적 사례를 살펴보면, 15년 이상 시장에서 정상을 유지한 기업이 드물다. 그렇다면 애플도 그 유효기간이 얼마 남지 않았을지도 모르는 일이다.

■ 미국 주식 시가총액 상위 기업의 변천사

Top Ten Largest Companies In the S&P 500 Through History — Source: ETFDB & Refinitiv

$0.237 Trillion	$0.297 Trillion	$0.438 Trillion	$0.813 Trillion	$2.746 Trillion	$2.35 Trillion	$2.224 Trillion	$3.695 Trillion	$9.011 Trillion	← Market Cap USD$	
1980	1985	1990	1995	2000	2005	2010	2015	Oct-20	Rank	Weight of S&P 500 in 2020
IBM	IBM	IBM	GE	GE	GE	ExxonMobil			1	6.4%
AT&T	EXXON	EXXON	AT&T	ExxonMobil	ExxonMobil		Google	amazon	2	5.2%
EXXON	GE	GE	EXXON	Pfizer	Microsoft	Microsoft	Microsoft	Microsoft	3	5.2%
	AT&T	PHILIP MORRIS	Coca-Cola	citigroup	citigroup	Berkshire Hathaway Inc.	Berkshire Hathaway Inc.	Google	4	3.3%
Schlumberger	GM	Shell	MERCK	CISCO	P&G	GE	ExxonMobil		5	2.5%
Shell	Shell		Shell	WAL*MART	WAL*MART	WAL*MART	amazon	Berkshire Hathaway Inc.	6	1.7%
Mobil	DUPONT	MERCK	PHILIP MORRIS	Microsoft	Bank of America	Google	GE	VISA	7	1.4%
STANDARD	AMOCO	WAL*MART	P&G	AIG	Johnson & Johnson	Chevron		WAL*MART	8	1.3%
	BELLSOUTH	AT&T	Johnson & Johnson	MERCK	AIG	IBM	Johnson & Johnson	Johnson & Johnson	9	1.3%
GE	Sears	Coca-Cola	Microsoft	intel	Pfizer	P&G	WELLS FARGO	P&G	10	1.2%

출처: acificapartners.com.

이처럼 주식은 기업의 성장성, 경영진의 결정 및 시장의 변화에 따라 그 가치가 크게 변할 수 있는 자산이다. 전통적 분류에서는 거래 상대방 위험으로 채무 불이행 위험만을 언급하지만, 나는 주식의 이러한 특성 역시 거래 상대방 위험이라고 생각한다. 기업이 약속한 만큼 성과를 올리지 못하거나 경영진이 실수라도 하면 주주들에게 큰 손실을 입힐 수 있다. 기업이 실적 발표나 주주 총회에서 야심 차게 제시한 미래 전망이 현실과 다를 때, 경영진이 공개적으로 실수를 저질러서 시장의 신뢰를 잃을 때 주식의 가치는 크게 흔들릴 수 있다. 이는 거래 상대방 위험의 한 형태로, 주식 투자의 불확실성을 높이는 요소가 된다. 주식의 최대 약점은 이런 거래 상대방 위험이 너무 큰 자산이라는 점이다.

비트코인이 아닌 채권에 투자한다면?

그럼 주식보다 글로벌 시장 점유율이 3배가량 큰 채권은 어떨까? 채권 또한 상당한 듀레이션과 거래 상대방 위험을 내포하고 있다. 예를 들어, 미국의 10년 만기 국채에 투자했다고 가정해 보자. 만약 미국 정부가 화폐를 대량으로 발행하여 달러 가치가 하락한다면, 10년 후에 받게 될 원금의 실질 가치는 큰 폭으로 감소하게 될 것이다. 이는 단순한 가정이 아니라, 최근 코로나 팬데믹 때 미국이 대규모로 화폐를 발행하면서 실제로 발생한 현상이다. 미국은 팬데믹 당시 2년간 기존에 발행된 달러의 41%에 해당하는 엄청난 화폐를 찍어냈고, 그 결과 실질 물가가 10% 넘게 치솟으면서 달러의 실제 구매력이 단시간 내에 크게 감소했다. 불과 1~2년 만에 일어난 일이다. 그러니 1~2년도 아니고 10년 후 가치를 어떻게 보장할까?

이와 유사하게, 유망해 보이는 회사의 회사채에 투자했는데 그 회사가 부도를 내면 투자한 자본을 회수하기 어려워진다. 실제로 이러한 사태가 2023년 중국의 부동산 업계에서 벌어졌다. 즉, 주식이나 채권과 같은 자산은 그 가치가 오로지 발행자의 재정 상태와 행위에 달려 있다는 위험을 안고 있다. 따라서 투자 기간을 매우 길게 설정하는 것은 원칙적으로 불가능하며, 이는 투자자가 고려해야 할 중대한 위험 요소다.

비트코인이 아닌 금에 투자한다면?

반면에 상품 자산의 왕인 금에 투자한다면 어떨까? 금은 이미 수천 년 동안 인류 역사에서 최고의 상품 자산으로 자리 잡아왔다. 금에 투자하면서 10년 후 EPS가 떨어질까 봐 걱정할 필요가 있을까? 당연히 없다. 금에는 EPS와 같은 것이 없기 때문이다. 또한 채권처럼 발행인의 파산으로 인한 채무 불이행의 위험도 존재하지 않는다. 이러한 특성 때문에 투자 예상 기간이 매우 길며, 거래 상대방 위험이 없다고 할 수 있다.

이렇듯 상품 자산인 금은 주식이나 채권과 근본적으로 다르다. 그러나 금에는 한 가지 큰 문제가 있다. 마치 주식 시장에서 점유율이 100%에 가까운 주식과 같이 이미 시장의 상당 부분을 차지하고 있다는 점이다. 이미 모든 시장을 차지해 버렸기 때문에 자체적으로는 성장의 가능성이 없고, 딱 경제가 성장하는 만큼만 성장할 수 있다는 한계가 있다.

금은 원유처럼 실제 사용을 위한 상품이 아니라, 주로 가치저장 수단으로 활용된다. 따라서 금의 가격 상승은 주로 화폐 가치의 하락을 반영한다. 하지만 시장 점유율이 포화 상태에 이르렀기 때문에 추가로 성장할 여지가 제한적이다. 이는 금의 가격 상승이 화폐 가치 하락에 비례해 이루어진다는 것을 의미한다. 바로 이 지점에서 금과 비트코인의 결정적인 차이점이 만들어진다.

앞에서도 말했듯, 비트코인은 기본적으로는 금과 같은 가치저장 수단인 상품 자산이다. 금의 디지털 버전이라고 생각하면 된다. 그러나 비트코인은 금과 비교할 때 명확한 차이점이 있는데, 가장 두드러진 차이는 성장 가능성이다. 금은 수천 년 동안 인류 역사와 함께해 오며 이미 성장의 정점에 이른 것으로 보이지만, 비트코인은 상대적으로 신생 시장에서 막 성장하기 시작한 자산이다. 현재 비트코인의 보급율은 1998년도의 인터넷 보급 수준에 불과하다. 이는 비트코인이 큰 성장 잠재력을 지니고 있음을 시사한다. 비트코인은 이미 현물 ETF와 같은 주류 금융 상품에 편입되어 대규모 채택을 앞두고 있으며, 전형적인 S자형 성장 곡선을 예고하고 있다. 그리고 우리는 지금 그 변곡점 바로 앞에 서 있다.

향후 비트코인 보급률이 급등하면 어떤 일이 일어날까?

앞에서 금과 비트코인 가격 상승의 절대적 요인은 화폐 가치 하락이라고 했다. 금은 더 이상 성장할 여지가 없어서 딱 화폐 가치가 하락하는 만큼만 가격이 오른다. 하지만 비트코인은 이제부터 본격적으로 성장을 시작하는 자산이기에, 비트코인을 가지려고 하는 사람들이 점점 더 빠르게 증가할 것이다. 이러한 수요 증가는 비트코인의 가치를 더욱 높이는 결과를 초래할 것이다. 만약 비트코인의 유통량이 감소한다면, 남아 있는 비트코인 각각이 더 많은 화폐 가치를 흡수해 가격 상승이 더욱 가속화할 것은 자명한 사실이다.

■ 암호화폐 거래소의 비트코인 보관량 변화

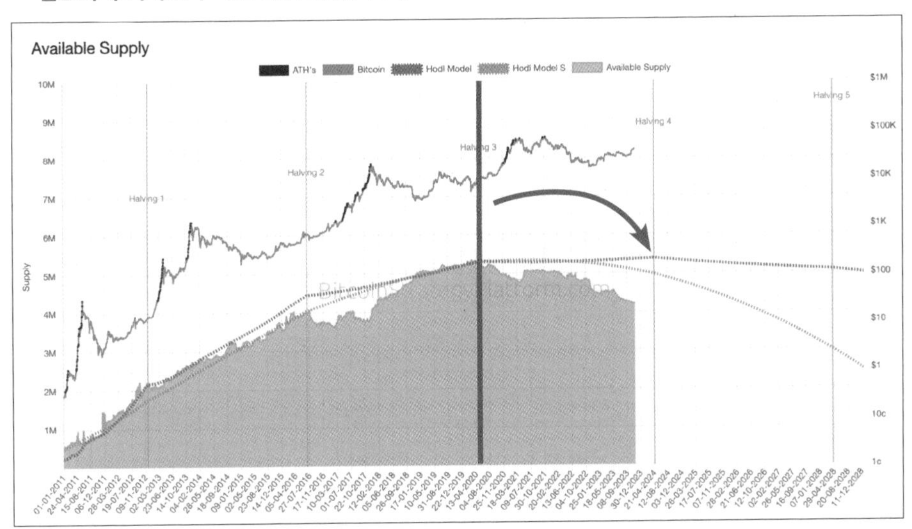

출처: bitcoinstrategyplatform.com.

실제로 2020년 3월 이후 거래소에서 거래 가능한 비트코인의 양이 감소하는 추세를 보이고 있다. 손에 넣을 수 있는 비트코인이 점점 사라지고 있다는 얘기다. 누가 비트코인을 거래소에서 빼가는 것일까? 당연히 그 배후에는 장기적인 시각에서 비트코인의 가치 상승을 예측하고 행동하는 투자자들이 있을 것이다. 이들 장기 투자자의 비중은 시간이 지날수록 증가하여 연일 사상 최고치를 경신하고 있으며, 반대로 단기 투자자의 비율은 줄어들고 있다. 이 추세는 앞으로도 계속될 것으로 보인다.

평범한 투자자들이 현재 가치에 비해 저평가된 가격에 비트코인을 매도할 때, 미래를 내다보는 사람들은 이 기회를 활용해 비트코인을 수집하고 장기 보관하는 전략을 취하고 있다. 이로 인해 시장에서 쉽게 구할 수 있는 비트코인의 수량은 점차 줄어들고 있으며, 이런 감소 추세는 앞으로도 가속화될 것이다. 왜냐하면 향후 반감기가 진행될수록 비트코인 공급량이 더욱더 줄어들기 때문이다. 반면에 비트코인 수요는 끊임없이 증가하고 있다. 공급은 계속해서 줄어드는데 수요는 계속해서 늘어나면 어떤 일이 벌어질까? 가격이 기하급수적으로 상승할 것이다. 이러한 시장 동력이 지속된다면, 미래에는 비트코인 한 개를 소유하는 것조차 일반인에게는 상상하기 어려운 일이 될 수 있다.

만약 당신이 시간을 거슬러 40년 전으로 돌아가 부모님께 재정적으로 조언할 수 있다면 어떻게 하겠는가? "서울의 아파트를 구입하세요. 특히 강남 지역에 투자하세요. 가능한 한 많이. 그리고 절대로 절대로 팔지 마세요"라고 말하고 싶을 것이다. 특히 외환 위기나 금융 위기가 닥쳐도 절대로 팔지 말라는 말을 반드시 덧붙일 것이다. 그러면 아마 부모님은 이렇게 생각할 것이다.

'아니, 한 채에 2,000만 원이나 하는 걸 사라고? 제정신인가?'

하지만 지금은 어떤가. 강남의 오래된 아파트의 상징인 은마 아파트는 40년간 가격이 120배나 올랐다. 40년 전 2,000만 원이면 중산층도 조금 무리하면 충분히 살 수 있는 가격이었을 것이다. 당시 평균 연봉이 360만 원이었다고 하니, 대략 5년 5개월치 연봉 정도다. 하지만 이제는 아무리 기를 써도 쳐다볼 수조차 없는 가격이 되었다.

이와 유사한 현상이 앞으로 비트코인에서도 그대로 벌어질 것이다. 가치 있는 자산은 시간이 지남에 따라 가격이 계속 상승한다. 주식은 가격이 올라가더라도 주식 분할을 통해 온전히 하나를 소유할 수 있지만, 상품 자산의 경우는 그렇지 않다. 가격이 상승할수록 그 자산 전체를 소유하는 것이 점점 더 어려워진다. 이 말을 기억해 두기 바란다. 향후 10년, 20년이 지나면 일반인이 비트코인 한 개를 완전히 소유하는 것은 상상하기조차 어려운 일이 되어 있을 것이다. 마치 지금의 강남 아파트처럼 말이다. 그런 날이 반드시 올 것이다.

아직도 불안해하는 독자를 위해

자, 비트코인 사이클의 시작부터 마지막까지 모든 가능성에 대해 살펴봤다. 하지만 아직 일어나지 않은 일을 완벽하게 정확히 예측한다는 것은 당연히 불가능하다. 지난 3차 사이클에서도 예측하지 못한 대형 악재들로 비트코인 가격이 크게 영향을 받았지 않은가. 이번에도 예측하지 못한 대형 호재로 사이클 기간이 더 늘어나거나, 반대로 대형 악재로 빠르게 종료될 가능성도 충분히 있다. 또한 모든 사람들이 사이클에 앞서 이득을 취하려고 하면서 사이클 진행 속도가 더 빨라지는 경우도 생각해 볼 수 있다. 하지만 이런 경우의 수를 모두 다 미리 예측할 수는 없다. 그때그때 상황을 보아가며, 여러 지표들을 확인하며 판단해야 한다.

앞에서도 살펴보았듯, 비트코인 수익률은 사이클 가장 마지막의 폭발적인 가격 상승기에 대부분 결정된다. 이때 시기를 잘못 판단해서 조금 먼저 매도할 경우 수익률이 엄청나게 줄어들 가능성도 있다. 아주 약간의 차이로 극과 극의 상황이 벌어질 수 있는 것이다. 진입을 잘했다고 하더라도 탈출 시기에 따라 성패가 크게 갈릴 수 있다. 2년 넘게 농사를 잘 지어 놓고도 추수를 망치는 꼴이 될 수 있으니, 섣부른 짐작보다는 정확한 상황 진단하에 판단을 내리는 것이 중요하다. 내게는 가능하면 2025년을 맞아 이 책의 개정판을 내놓고 싶은 작은 욕심이 있다. 그때는 지금보다 많이 진행되어 있을 상황까지 고려하여, 더 정확하고 자세한 사이클 종료 계획을 독자 여러분에게 전달하고 싶다.

만약 스스로 상황을 진단하고 판단할 자신이 없는 독자라면 이 책에서 제공하는 QR 코드를 통해 비트코인 슈퍼 사이클 강의를 수강해 볼 것을 추천한다. 대략 3개월 단위로 무료 업데이트 강의를 올릴 것이니, 한 번 수강 신청을 하면 가장 최신 정보를 무료로 계속해서 받아볼 수 있다. 또한 비트코인 슈퍼 사이클 강의에서는 책에서 미처 전하지 못한 수익률 증폭 비법도 배울 수 있다. 앞에서 살펴본 기대 수익 가격에 따르면 2024년 내에 매수할 시 최대 3~5배 수익을 올릴 가능성은 충분하다. 하지만 이것만으로는 부족하다고 느끼는 독자도 분명히 있을 것이다. 그럴 경우 수익률 증폭 비법을 사용하면 큰 리스크 없이 수익률을 더 크게 높일 수 있다. 여기에는 몇 가지 구체적인 스킬이 들어가는데, 이 비법을 활용하면 수익률을 정상적인 방법보다 최소 2배에서 많게는 5배까지 증폭하는 것이 가능하다. 자세한 내용이 궁금한 독자라면 다음에 나오는 QR 코드를 확인해 보기 바란다.

곁들이면 좋은 지식

무덤까지 가져갈 수 있는 것은 없으리

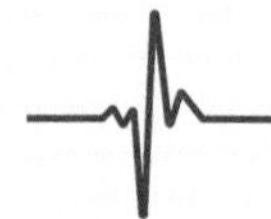

■ 기원전 1213년

태양이 황금빛으로 이집트의 사막을 물들일 무렵, 왕좌에 앉은 람세스 2세는 시종 깊은 생각에 잠겨 있었다. 눈앞에 펼쳐진 이집트의 광활한 영토가 그가 일생 동안 이룬 업적들을 상기시켰다. 하지만 람세스 2세의 가슴속에는 한 가지 해결하지 못한 질문이 자리 잡고 있었다.

"이생에서 쌓아 올린 모든 것을 저세상으로 가져갈 수는 없을까?"

나지막한 속삭임이 무겁게 대전을 울렸다. 람세스 2세는 죽음의 그림자가 자신을 향해 서서히 다가오고 있음을 알았다. 하지만 그의 눈은 여전히 불타고 있었고, 목소리는 굳건했다. 신하들은 침묵 속에서 파라오의 고뇌를 지켜보았다. 람세스 2세는 금과 보석으로 가득 찬 방을 바라보며 중얼거렸다.

"이 궁전을 가득 채운 보물들은 나의 힘과 영광을 상징하지만, 죽음 앞에서는 무의미할 뿐이다. 아무것도 가져갈 수 없다면, 이것들이 다 무슨 의미가 있는가?"

신하들 중 한 명이 조심스럽게 다가가 말했다.

"파라오시여, 우리는 당신의 위대함을 기리기 위해 최고의 장례식을 준비할 것입니다. 당신의 재산은 물론, 당신의 업적과 영혼을 상징하는 물건들이 당신과 함께 묻힐 것입니다."

하지만 람세스 2세의 눈에는 여전히 의문이 가득했다.

'하지만 그것들이 진정 나와 함께 저승으로 갈 수 있단 말인가? 내가 죽으면 이 모든 것은 단지 먼지가 되어 버리는 것이 아닐까?'

"우리는 파라오의 명령을 따를 것입니다. 보물들을 영원히 보존할 피라미드를 준비하겠습니다."

신하가 말했다. 람세스 2세는 결심을 굳힌 듯 천천히 고개를 끄덕이며 대답했다.

"내 육신은 사라질지라도, 나의 영혼은 사라지지 않을 것이다. 나의 위대한 피라미드에 나의 재산을 함께 묻어라. 그것들이 나의 영혼과 함께 저세상에서도 나의 위엄을 증명하리라."

대전은 침묵에 빠졌다. 신하들은 람세스 2세의 말에 고개를 끄덕이며, 파라오의 마지막 소원을 이루기 위한 계획을 세우기 시작했다. 금과 보석, 아름다운 예술품들이 피라미드의 깊은 방으로 옮겨졌다. 파라오의 삶과 업적을 상징하는 각각의 보물들이 그의 영혼으로 하여금 저세상에서도 왕으로서 권위를 유지할 수 있게 해 줄 것이라 믿었다. 람세스 2세는 그의 보물들이 조심스럽게 안치되는 것을 지켜보며, 평화로운 미소를 지었다.

"이제 나는 안심하고 다음 세계로 떠날 수 있다. 내가 이 땅에서 이룬 모든 것이 나와 함께 영원히 기억될 것이다."

태양이 서서히 지평선 뒤로 사라지며, 붉은빛을 하늘에 펼쳐 놓았다. 람세스 2세는 눈을 들어 해가 지는 반대편 하늘을 바라보았다. 별들이 하늘에서 반짝였고, 자신이 이 땅 위에서 세운 업적은 밤의 정적 속에서도 살아 움직이는 것처럼 느껴졌다. 죽음이 단순한 종말이 아니라 영원한 전설로 탄생하는 순간이었다. 무덤은 그의 영혼과 함께 깊은 곳에 숨겨진 보물들로 가득 차 있었고, 그가 이룩한 위업들을 자랑하고 있었다. 이 보물들은 시간이 흘러도 변하지 않을 그의 이야기의 증거로 남아, 죽음을 넘어 새로운 삶을 시작하는 순간에도 그를 수호할 것이다.

영겁의 시간 동안 보물들은 사막의 모래 아래 깊은 곳에서 조용히 그의 꿈을 꿀 것이다. 수천 년이 지나도 사라지지 않을 영광을 증명하며. 위대한 왕 람세스 2세는 죽음을 넘어서도 그의 전설이 영원히 이어질 것이란 믿음과 함께 끝없는 잠에 들었다.

■ 서기 1827년

태양이 뜨겁게 사막을 달구었다. 존은 이집트 왕들의 무덤이 모여 있는 왕가의 골짜기를 헤매고 있었다. 그의 눈앞에 펼쳐진 것은 수천 년의 역사가 묻힌 고대의 땅이었다. 그는 오랜 전설 속에 묻힌 파라오의 무덤을 찾기 위해 영국에서 이집트로 건너왔다.

"여기다!"

존은 동료들에게 소리쳤다. 그들은 무너진 돌과 모래 사이에서 반쯤

파묻힌 입구를 발견했다. 그토록 찾아 헤맨 람세스 2세의 무덤이었다. 무덤 안으로 들어서며 존은 숨을 죽였다. 벽은 복잡한 문양과 상형문자로 뒤덮여 있었다. 벽에 새겨진 람세스 2세의 위엄 있는 모습에 존은 절로 경외감을 느꼈다.

"3,000년 전의 무덤이라니… 믿을 수 없군."

무덤의 구조는 지극히 복잡했고, 장식들은 감탄이 나오도록 정교했다. 존은 고대 이집트인들의 놀라운 건축술과 예술에 경의를 표했다. 하지만 무덤은 오랜 시간에 걸친 도굴의 흔적으로 심하게 망가져 있었다.

"이 모든 것이 완벽한 상태로 보존되었다면 얼마나 좋았을까."

존은 안타까움을 느끼며 중얼거렸다. 람세스 2세는 자신의 보물들을 죽음 뒤 세상까지 가져가고 싶어 했지만, 아쉽게도 그의 소망은 이루어지지 않았다. 그와 함께 묻힌 그 많은 보물은 대부분 파헤쳐지고 도난당했다.

이 세상에서 무덤까지 가지고 갈 수 있는 것은 아무것도 없으리라….

■ 서기2024년

스티브는 맨해튼의 높은 빌딩에 자리한 사무실 창가에 앉아 푸르게 물드는 야경을 내려다보고 있었다. 멀리 있는 불빛들이 너무 작고 희미해 현실의 것처럼 느껴지지 않았다. 그 비현실적인 감각만큼이나 지나온 세월이 꿈만 같이 느껴졌다. 자신에게 주어진 시간이 얼마 남지 않았다는 사실만이 가장 현실감 있는 실체가 되어 묵직하게 가슴을 눌렀다.

스티브는 과거를 회상하고 있었다. 젊고 열정으로 가득했던 그 시절 그는 빈손으로 사업을 시작하여, 끈기와 실행력으로 이곳 맨해튼의 가장 높은 빌딩까지 올라섰다. 이곳은 그의 성공을 상징하는 장소였다. 하지만 이제 그에게 남은 시간이 얼마 되지 않았다. 기계처럼 삐걱대며 무너져가는 몸은 그의 죽음이 얼마 남지 않았음을 일깨워주었다.

"모든 게 어제 일 같은데…."

스티브는 과거에 대한 감상에 빠져 중얼거렸다. 자신이 이룩한 제국은 그의 죽음 이후에도 남아 있을 것이다. 하지만 개인적인 재산은 어떻게 될까? 스티브는 후손이 없었다. 자선 단체를 만들어 모든 것을 기부할까 생각해 봤지만 그 방법은 그에게 맞지 않았다. 그는 자신의 모든 것, 이름과 재산까지 완전히 회수해 가져가고 싶었다. 그 어떤 것도 남기고 싶지 않았다. 무(無)로부터 시작하여 무(無)로 끝나길 원했다.

그러던 중 스티브는 그의 재산을 무덤까지 가져갈 유일한 수단이 있다는 것을 발견했다. 행운이었다. 그 옛날 신의 권력을 지녔다고 알려진 이집트의 파라오들조차 불가능했던 그 일이 가능하다니. 파라오가 영원을 꿈꾸며 무덤에 함께 묻으라고 지시했던 보물들은 도굴꾼들에게 무참히 빼앗겼다. 자신이 죽고 나면 남은 모든 것의 운명은 산 자들에 의해 결정된다. 회사도, 재산도, 명예도, 자신의 이름까지도. 그 어느 것 하나 무덤까지 가져갈 수는 없다. 그러나 딱 하나, 이 세상에서 유일하게 무덤까지 가져갈 수 있는 존재가 있다는 사실을 알게 된 순간, 스티브는 죽음조차 잊을 만큼 엄청난 희열을 느꼈다.

그것은 바로 비트코인이었다.

비트코인에 그의 모든 재산을 넣고, 암호키를 남기지 않은 채 떠나면 되는 것이었다. 그러면 그 어느 누구도 그가 남긴 비트코인에 영원히 접근할 수 없다. 문자 그대로 무(無)가 되어 사라지는 것이다. 남아있는 비트코인의 가치는 기존과 함께 사라진 비트코인 만큼 증가할 것이다. 디플레이션으로 인해 부가 자동으로 다른 비트코인 소유자들에게 분배되는 것이다. 이는 어떠한 형태로도 이름을 남기지 않는 진정한 의미의 기부이기도 했다. 어떻게 운영될지 모를 자선단체에 자신의 이름으로 기부하는 것보다 훨씬 의미 있는 일이었다. 무에서 시작하여 무로 돌아가는 것, 그것이 스티브가 원하는 완전한 소멸이었으니 말이다.

"그들이 살아있을 때 비트코인이 있었더라면…."

스티브는 과거의 파라오들을 연민했다. 그들은 결국 그 어느 것 하나 무덤까지 가져갈 수 없었다. 함께 묻은 보물들은 대부분 도굴당했다. 하지만 비트코인이 있는 지금은 가지고 갈 수 있다. 영원히 도굴될 위험이 없는 절대적인 소거. 그 어느 것도 죽음까지 가져갈 수는 없기에 인간에게 원칙적으로 100% 소유란 있을 수 없다. 하지만 비트코인으로 인해 이제 가능해졌다. 그 누구도, 심지어 죽음까지도 손댈 수 없는 절대적인 100%의 소유. 역사상 가장 위대한 정복자들조차 이루지 못한 그것이 자신에게는 허락된 것이었다. 스티브는 깊은 만족감을 느끼며 조금씩 잠으로 빠져들었다.

■ 서기 2138년

"방금 들어온 소식입니다. 마지막 2,100만 번째 비트코인이 방금 채굴되었다고 합니다. 이로써 비트코인은 130년에 걸친 전체 발행 과정을 모두 완료했습니다. 앞으로도 블록은 계속해서 생성되겠지만, 새로운 비트코인은 더 이상 만들어지지 않습니다."

최후의 비트코인이 채굴되었다는 소식이 전 세계 200억 지구인의 뇌 내 이식형 수신기를 통해 빛의 속도로 퍼져나갔다. 2009년 인류에게 완전한 소유권을 선사하며 탄생한 비트코인은 이제 더는 새롭게 만들어지지 않는다. 지난 130년 동안 계속된 비트코인 채굴이 끝나고, 이제 블록체인은 오직 블록 생성이라는 기본 임무만을 수행하게 되었다.

평범한 사람들에게는 비트코인 0.0001개를 갖는 일조차 평생의 꿈이 되었다. 조사에 따르면 전 세계적으로 비트코인 한 개를 온전히 소유한 개인은 1,000명도 채 되지 않는다고 한다. 200억 인구를 통틀어 한 줌밖에 되지 않는 극소수의 최상위 부자들만이 비트코인 한 개를 온전히 가지고 있다. 과연 과거의 어떤 현명한 사람이 100년 후 닥칠 미래를 예측하고 비트코인 한 개를 온전히 소유했던 것일까? 비트코인 한 개를 쉽게 손에 넣을 수 있던 그 시절, 비트코인을 구하려 하지 않았던 사람들은 무엇을 하고 있었을까? 앞날을 읽고 변화에 적응할 줄 알았던 사람들과 그렇지 못했던 사람들로 부의 지도가 완전히 나뉘었다. 거스를 수 없는 시대의 흐름 앞에 그저 망연자실, 넋 놓고 있었던 것은 필시 경제적 주체로서의 임무태만이었으리라. 그 결과는 그들의 후손이 대신 짊어져야 했다.

최근 들어 비트코인의 소실에 대한 우려가 여기저기서 제기되고 있다. 의도적, 비의도적인 이유로 소유자가 암호키를 남기지 않고 사망하거나, 암호키를 분실하면서 발생하는 로스트 코인(lost coin)이 끊임없이 증가하고 있기 때문이다. 최신 연구에 따르면 이미 1,900만 개 이상의 비트코인이 50년 이상 전혀 움직이지 않고 있다고 한다. 90%의 비트코인이 소실된 것이다. 이렇게 비트코인이 디지털 유물화 되어 영원의 공간으로 사라져 갈 때마다 남은 비트코인의 가치는 더욱 올라가게 마련이다. 특히 2024년 비트코인이 대폭등하던 초기에 전 재산을 비트코인으로 바꾼 뒤 암호키를 남기지 않고 사망한 위대한 기업가 스티브 마이슨의 이야기는 전설이 되었다. '모든 업적을 가지고 무덤으로'라는 슬로건이 유행하면서, 많은 유명인사와 기업가가 전 재산을 비트코인으로 전환한 뒤 암호키를 남기지 않는 사회현상이 일어났다. 이로 인해 남은 비트코인의 수는 급격히 감소했다. 현재 200만 개 미만의 비트코인만 남아 있는 것으로 알려져 있으며, 이 중 절반은 수십 년간 움직이지 않은 것으로 추정된다. 그로 인해 실제로 살아 있는 비트코인은 100만 개도 되지 않는 것이 아니냐는 추측이 나오는 상황이다. 이렇게 남은 숫자가 줄어들 때마다 비트코인의 가격은 끝없이 오르고 있다.

그 옛날, 나카모토 사토시란 가명을 사용했던 무명의 프로그래머는 이 모든 미래를 예측했을까? 2008년 탐욕스러운 은행들과 금융 세력에 의해 발생한 금융 위기는 많은 사람에게 깊은 고통을 안겨 주었으나, 그들 대부분은 구제금융 덕분에 큰 처벌 없이 살아남았다.

그런 혼란스러운 시기에 비트코인은 마치 진흙 속 연꽃처럼 탄생했다. 그리고 100년이 넘는 시간에 걸쳐 수많은 사람들에게 온전한 소유권이라는 헤아리기 어려운 가치를 부여했다. 30만 년 전, 진화의 정점에서 두 발로 걸으며 세상을 정복한 인류가 그토록 오랜 시간 열망했던 완전한 소유를 향한 욕망. 그러나 수만 세대에 걸쳐 결코 이뤄지지 않을 꿈으로 남아, 철저하게 거부되어 온 완전한 소유라는 환상. 이것을 손에 넣으려는 욕망 때문에 얼마나 많은 사람들이 약탈당하고, 파괴되고, 유린당하며 고통을 겪어야 했는가?

비트코인은 인류에게 완전한 소유권의 자유를 선사하며, 30만 년에 걸친 경제적 고통으로부터 인류를 해방했다. 가치를 전달할 수 없는 불완전한 형태였던 인터넷을 완성품으로 만들어 주었고, 불과 전기에 이어 인류의 세 번째 위대한 발명으로 자리매김했다. 이제 비트코인은 전 세계에서 가장 가치 있는 자산으로서 소비 위주가 아닌 저축을 기반으로 하는 경제 시스템의 근간을 이루고 있다. 마치 대지처럼 견고하게, 비트코인은 인류의 영원한 발전을 지지하는 굳건한 초석이 되어 우리의 삶을 지탱해 주고 있다.

마치며

2024년은 비트코인 탄생 15주년이자, 역사적인 네 번째 반감기를 맞이하는 해다. 이 책은 2024년 초에 쓰였지만, 2025년 반감기 사이클의 정점에 이르기까지 그리고 그 이후에도 꾸준히 유용한 투자 지침서로 남을 것이다. 비트코인 반감기는 일정한 패턴을 따르기 때문에 이 책에 담긴 이론들은 다가올 다섯 번째, 여섯 번째 반감기에도 여전히 유효할 것이다. 더 나아가, 이 책은 수년 후 비트코인 사이클의 예측 가능성을 역사적으로 증명하는 자료로도 활용될 것이다. 만약 당신이 슈퍼 사이클이 끝나기 전에 이 책을 발견했다면, 운명적인 행운을 만난 것이라고 할 수 있다. 그리고 만약 슈퍼 사이클이 끝난 후에 이 책을 발견했다면, 다음 사이클을 준비하는 데 귀중한 교재가 될 것이다. 이 책을 발견한 당신이 이 초유의 기회를 놓치지 않기를, 미래에 후회하지 않기를 바란다.

2025년이 지나면 많은 암호화폐 부자가 탄생할 것이다. 이전 사이클이 종료될 때마다 많은 투자자가 큰 부를 얻었듯이, 슈퍼 사이클인 이번 네 번째 사이클 후에도 마찬가지일 것이다. 당신이 이들 중 한 명이 되기를 바란다. 잠시 눈을 감고 상상해 보자. 경제적 자유를 얻어 자유롭게 원하는 일을 하며 살아가는 자신의 모습을. 더 이상 원치 않는 직장에 가지 않아도 되고, 아침마다 만원 전철에서 시달리지 않아도 된다. 그 대신 평일 낮에 카페에서 여유롭게 커피를 마시며 책을 읽는 모습을 그려보자. 이는 결코 먼 꿈이 아니다. 이미 어느 정도 자산을 보유한 독자라면 이번 슈퍼 사이클이 끝날 때, 자산을 큰 폭으로 증폭해 꿈꾸던 자유를 누릴 수 있을 것이다. 자산이 부족하다면 이번 사이클을 통해 자금을 축적하고 다음 기회를 준비할 수 있다. 어느 경우든 평범한 사람들보다 훨씬 빠르게 경제적 자유를 얻을 수 있다.

비트코인과 암호화폐 시장은 앞으로 10~15년 동안 AI와 함께 인류의 삶을 가장 혁신적으로 변화시킬 산업이다. 역사적으로 컴퓨터 발명, 인터넷 열풍, 모바일 혁신, 전기차 도입 등 시대의 변화를 가져온 모든 기회들처럼 비트코인도 이러한 변화의 중심에 서 있다. 비트코인은 인류가 부를 축적하는 방식을 근본적으로 변화시킨 기념비적 발견이며, 디지털 가치 전송의 혁신이다. 탄생 이후 15년 동안 일부에서는 비트코인을 사적인 투기물로 취급했지만, 이제는 주류 금융의 일부가 되어 '디지털 골드'의 지위를 이어갈 준비를 마쳤다.

많은 사람들이 비트코인에 투자할 기회가 이미 지났다고 생각하지만, 투자의 핵심은 '상승 가능성'이 아니라 '위험 대비 보상 비율'에 있다. 과거의 비트코인은 높은 상승률만큼이나 높은 불확실성으로 인해 리스크가 컸지만, 현재는 기관들의 대규모 채택과 슈퍼 사이클을 앞두고 있어 '위험 대비 보상 비율'이 그 어느 때보다 매력적이다. 일생에 한 번 올까 말까 한 이 기회를 놓치지 말고, 슈퍼 사이클이 끝난 후 대성공의 주인공이 되길 바란다. 이 책에서 배운 내용을 기억하고 적용한다면, 이번 사이클이 끝난 이후 앞으로 다가올 다른 기회들도 모두 잡을 수 있을 것이다. 이 책을 만난 모든 분들의 미래가 행복한 경제적 자유로 이어지기를 바라며, 여기서 글을 마무리할까 한다.

부록

비트코인 투자에 꼭 필요한 핵심개념 8

용어설명

1 채굴에 필요한 컴퓨팅 파워를 나타내는 해시레이트(Hashrate)

비트코인의 궁극적인 가치는 '주인 없는 진짜 돈의 디지털화'에 있다. 이는 역사적으로 존재했다가 사라져간 수많은 화폐 중 어느 것도 도달하지 못한 궁극의 화폐 상태를 의미한다. 따라서 비트코인은 최종적으로 지정학적 리스크를 넘어서 전 세계적으로 통용되는 '진정한 돈'으로서 가치를 지닐 것이다.

그러나 돈의 가치를 어떻게 산정할 것인가는 복잡한 문제다. 화폐 가치를 산출하는 여러 공식이 있으나, 이들은 작은 변수에도 큰 산출 결과의 오차를 가져오기 쉽다. 특히 비트코인은 지구상에 존재하지 않았던 전무후무한 진짜 돈을 추구하므로, 그 가능성이 실현될 경우 그 가치를 측정하기는 어렵다. 이전에 이런 돈이 존재한 적이 없기 때문이다.

그렇다면 향후 1~5년 정도 중기적인 수준으로 비트코인 가치를 측정하는 것이 가장 현실적인 대안이 될 것이다. 최종 가치는 형용하기 어려운 수준이지만 측정할 방법이 없으므로 가까운 미래의 가치로 대

■ **비트코인 해시레이트**

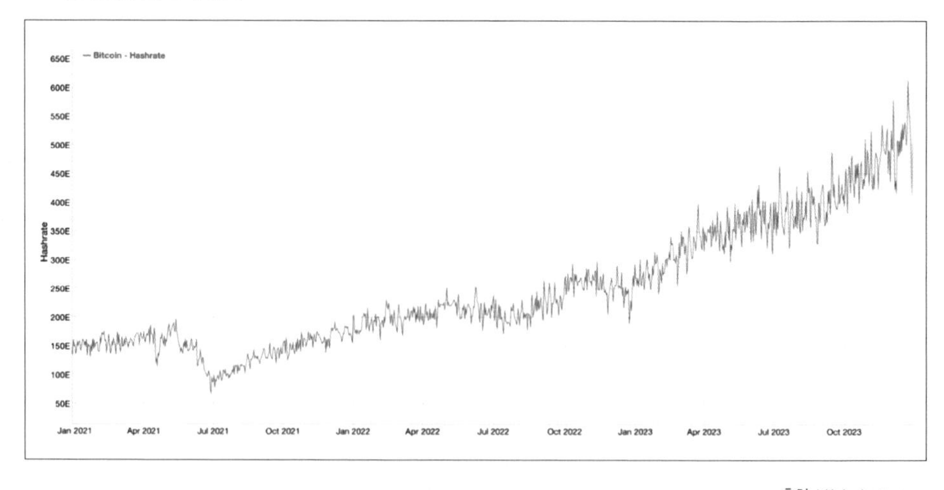

출처: bitinfocharts.com.

신하는 것이다.

비트코인의 가치를 측정할 때 사용하는 가장 대표적인 지표 중 하나가 해시레이트다. 해시레이트는 비트코인 채굴에 필요한 컴퓨팅 파워를 나타내는 지표로, 비트코인을 채굴하기 위한 비용으로 해석될 수 있다. 비트코인의 해시레이트가 상승한다는 것은 네트워크가 보다 강력하게 보호받고 있으며, 비트코인의 중기적 가치가 상승할 가능성이 높다는 것을 의미한다.

해시레이트의 중요성은 두 가지 측면에서 드러난다. 첫 번째는 비트코인 네트워크의 보안을 위해 중요하다. 네트워크를 장악하기 위해 필요한 컴퓨팅 파워가 증가하면 비트코인을 해킹하기가 더 어려워진다. 특히, 비트코인 시스템은 디자인상 한 명의 개인 또는 하나의 그룹이 네트워크의 해시레이트를 과반수 이상 통제할 경우 거래 기록을 조작할 수 있다. 그러나 전체 해시레이트가 높으면 이러한 공격을 시도하는 것이 현실적으로 불가능해지므로, 높은 해시레이트는 네트워크의 신뢰도를 상징한다.

두 번째는 비트코인의 가격에 중요하다. 해시레이트가 상승하면 '비트코인을 만들기 위한 비용'이 증가하고, 이는 비트코인의 가격 상승 요인이 된다. 해시레이트의 증가는 채굴에 투입되는 비용의 증가를 의미하기 때문이다. 채굴에는 전기, 컴퓨팅 하드웨어, 유지보수 등에 드는 비용이 포함되며, 이러한 비용이 증가할수록 채굴자들은 채굴된 비트코인을 더 높은 가격에 판매하려 할 것이다. 이는 비트코인의 시장 가격에 영향을 미칠 수 있는데, 채굴자들이 비트코인을 생산한 비용 이하로 판매하지 않을 것이기 때문이다. 결과적으로 해시레이트와 비트코인 가격은 양의 상관관계를 이루게 된다.

요약하면, 해시레이트는 비트코인 채굴과 관련한 비용뿐만 아니라 네트워크의 안전성과 건전성을 나타내는 지표로, 중단기적으로 비트코인의 가치와 직접적인 연관성이 있다. 해시레이트가 높을수록 네트워크는 강력하게 보호받으며, 이는 비트코인이 보유한 희소성을 증가시켜 가치를 상승시킨다.

용어설명

2 얼마나 많은 사람들이 사용하는지 알려주는 활성 사용자 규모

비트코인은 상품 중에서도 화폐재의 속성을 가지기 때문에 많은 사람들이 사용할수록 가치가 증가한다. 이것은 현금흐름이 증가할수록 가치가 증가하는 주식과는 완전히 다른 특성이다.

화폐재의 가치는 사회적 합의에 기반한다. 화폐가 되는 과정은 다음의 네 단계로 나뉜다.

1) 수집품
2) 가치저장 수단
3) 교환의 매개체
4) 가치의 척도

비트코인은 2024년 현물 ETF 승인으로 수집품에서 가치저장 수단으로 전환되었다. 비트코인이 3단계나 4단계로 진화하지 못하면 화폐보다는 가치저장 상품 자산으로 사용될 것이다. 현재의 금과 거의 비슷하게 말이다. 하지만 2단계인 가치저장 수단만으로도 비트코인의 가치는 지금보다 훨씬 증가할 수 있다. 예를 들어 가치저장 수단 중 가장 대표적인 채권과 증권 시장의 규모는 600조 달러에 달하는데, 이는 비트코인이 현재 지닌 가치의 1,000배에 가깝다. 가치저장 수단으로 인정받았으니 향후 비트코인의 가치 상승 가능성은 매우 크다. 비트코인이 얼마나 많은 사람들에게 인정받고 있는지, 사회적 합의치를 추정할 수 있는 여러 가지 지표 중 가장 대표적인 것을 몇 가지 소개한다.

■ 활성 지갑 수

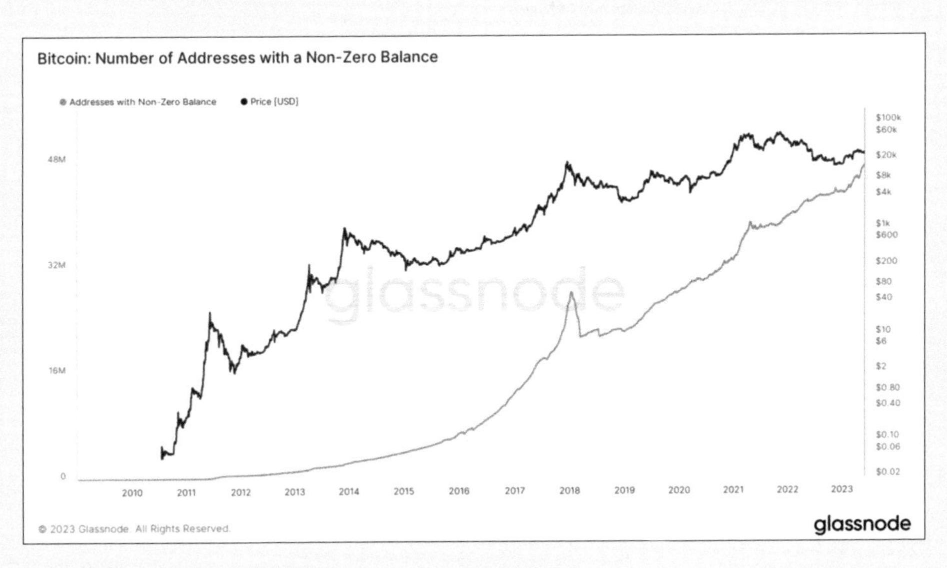

검은색 선은 비트코인 가격, 노란색 선은 활성 지갑 수를 나타낸다.

출처: glassnode.

첫 번째로 살펴볼 지표는 비트코인을 소유한 사람의 수를 나타내는 활성 지갑 수다. 거래소 지갑에 보관된 비트코인으로 인해 활성 지갑 수를 정확히 측정하기는 어렵지만, 잔고가 0인 지갑을 제외하면 활성 지갑 수를 보다 정확히 확인할 수 있다. 잔고가 없는 지갑을 제외한 지갑 수는 지속적으로 증가하고 있다. 이는 비트코인 소유자 수가 계속 증가하는 추세임을 시사한다.

■ 트랜잭션 수

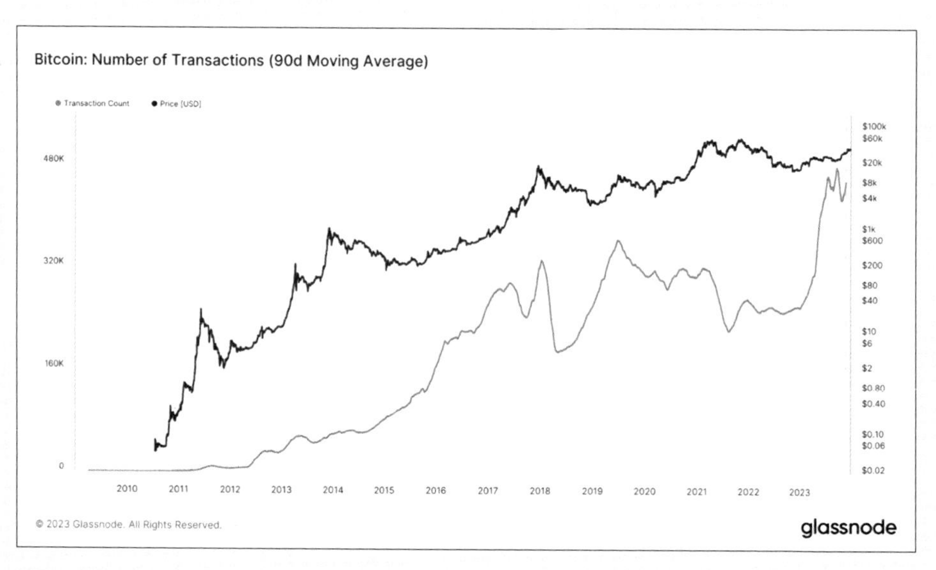

검은색 선은 비트코인 가격, 노란색 선은 트랜잭션 수를 나타낸다.

출처: 글래스노드.

거래내역인 트랜잭션 수의 증가는 비트코인이 화폐재로 사용됨을 보여주는 지표다. 트랜잭션 수가 증가한다는 것은 거래가 증가함을 의미하며, 트랜잭션 수가 증가할수록 비트코인의 가치는 더 높아진다. 그러나 비트코인 거래 수수료 상승으로 인해 소규모 거래에는 적합하지 않은 지표가 되었다는 단점도 동시에 존재한다. 100원을 보내는 데 1,000원의 수수료가 든다면 아무도 소규모 거래에는 비트코인을 사용하지 않을 것이기 때문이다(비트코인은 1원을 보내든 1조 원을 보내든 1회당 거래 수수료가 동일하다).

▪ 장기 보유자 수

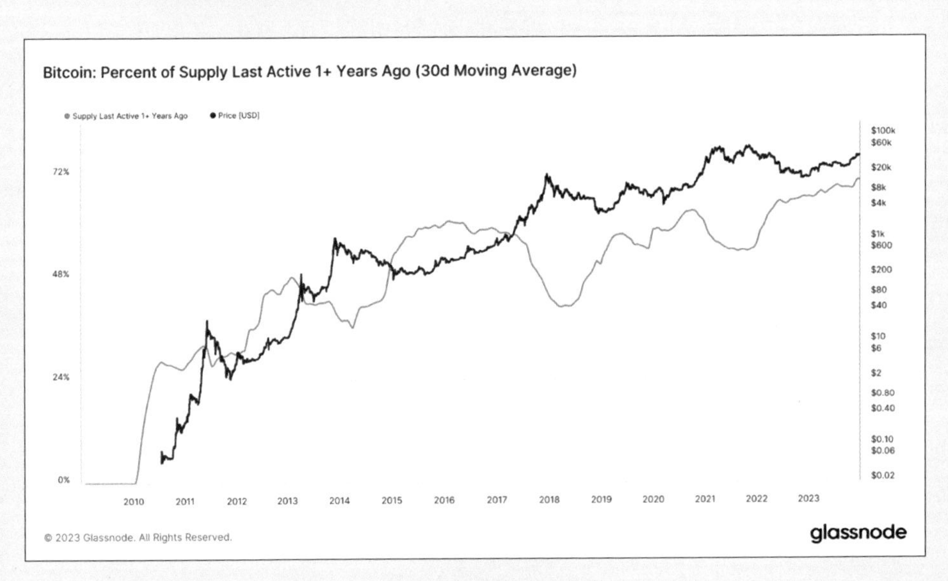

검은색 선은 비트코인 가격, 노란색 선은 장기 보유자 수를 나타낸다.

출처: glassnode.

장기 보유자 수도 비트코인의 가치를 평가하는 중요한 지표다. 장기 보유자가 많다는 것은 그 자산을 가치 있게 여기는 사람이 많다는 것을 의미한다. 일반적으로 1년 이상 보유자를 장기 보유자로 구분하는데, 비트코인의 1년 이상 장기 보유자 비율은 계속해서 증가하고 있다. 현재 전체 비트코인 중 70%가 넘는 수량을 1년 이상 장기 보유자들이 가지고 있다. 초장기 보유자에 해당하는 5년 이상 장기 보유자의 숫자도 지속적으로 증가하는 추세다. 전체 비트코인 중 무려 31%를 5년 이상 초장기 보유자가 가지고 있다. 이와 같은 통계는 비트코인을 믿고 장기적으로 보유하려는 사람들의 보유량이 계속 증가하고 있음을 나타낸다.

3COM의 창립자인 로버트 메칼프**Robert Metcalfe**의 말에 따르면 네트워크의 가치는 사용자 수의 제곱에 비례한다고 한다(메칼프의 법칙). 그렇다면 비트코인의 네트워크 가치 역시 사용자 수의 제곱에 비례하여 증가할 것이다. 따라서 비트코인 보유자와 사용자의 증가는 비트코인의 가치를 기하급수적으로 성장시킬 것이다. 비트코인 커뮤니티의 규모가 커질수록 그 가치는 비례하여 성장할 것이며, 언젠가 비트코인이 교환의 매개체로 사용될 때, 그 가치는 상상할 수 없는 수준에 이를 수 있다.

용어설명

3 자산의 과열 상태를 알려주는 공포 탐욕 지수

이번에 소개할 공포 탐욕 지수는 비트코인뿐 아니라 주식이나 채권 등 대부분의 자산군에서 과열 상태를 확인하는 데 사용하는 대표적인 지표다. 이 지표를 이해하고 잘 활용한다면 모든 자산에 투자할 때 큰 도움이 될 것이다.

■ 공포 탐욕 지수(Fear & Greed Index)

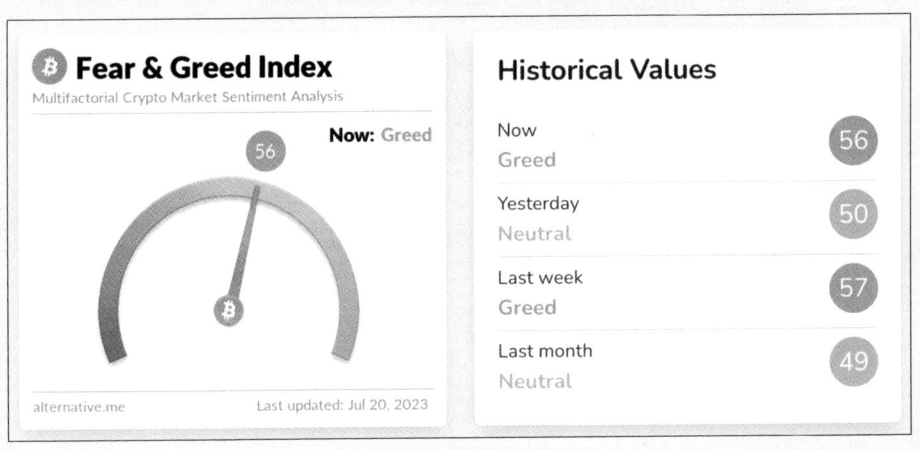

출처: alternative.com.

공포 탐욕 지수는 시장의 과열 정도를 평가하는 대표적인 지표로, 0에서 100까지 범위로 표시된다. 100에 가까울수록 시장이 탐욕 상태에, 0에 가까울수록 공포 상태에 있음을 나타낸다. 이 지수는 변동성, 모멘텀, 소셜미디어, 시장조사, 비트코인 점유율, 트렌드 등 총 여섯 가지 요소를 기반으로 하며, 이들을 적절한 비율로 혼합하여 시장의 과열 상태를 확인한다.

일반적으로 공포 탐욕 지수가 75를 초과하면 극도의 탐욕 상태, 25를 하회하면 극도의 공포 상태로 해석한다. 이러한 상태에 이르면 시장

■ 시간 경과에 따른 공포 탐욕 지수 흐름

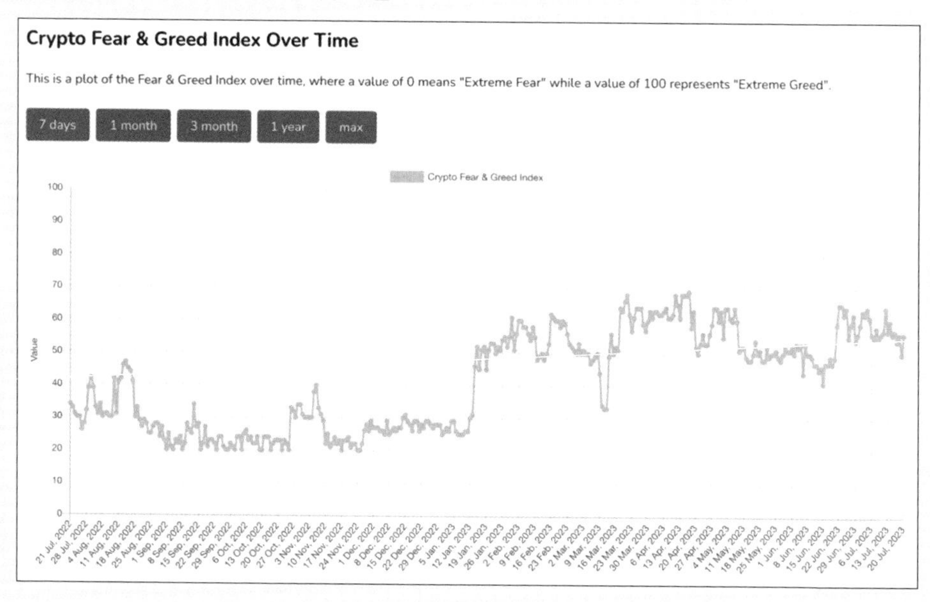

출처: alternative.com.

의 분위기가 과열되거나 냉각된 상황이라고 볼 수 있다. 그러나 실제로는 극도의 탐욕이나 공포 상태에서 가격이 단기간 내에 크게 상승하거나 하락하는 경우가 많아, 이러한 지표를 활용하여 투자 포지션을 잡았다면 섣부른 청산을 피해야 한다.

가격이 상승하려면 일정 기간 탐욕 상태가 유지되어야 하며, 장기간 탐욕 상태가 지속된 후에야 매수세가 고갈되고 조정이 올 수 있다. 따라서 공포 탐욕 지수는 모멘텀을 확인하는 데 유용하게 쓰인다. 2022년 하락장에서 비트코인의 공포 탐욕 지수는 대부분 20에 가까운 극도의 공포 상태에 있었다. 2023년에 들어서서 모멘텀이 중립에 가까워지며 비트코인 가격도 반등하기 시작했다. 공포 탐욕 지수가 가끔 70에 육박하며 극도의 탐욕 상태에 가까워지기도 했지만 이내 중립으로 돌아온 모습을 볼 수 있다. 이는 시장의 모멘텀이 아직 충분히 강하지 않음을 의미한다. 모멘텀이 탐욕 상태와 극도의 탐욕 상태를 오가며 강해지면 비로소 가격이 크게 상승할 수 있다. 이러한 상황은 2024년 하반기에나 찾아올 것으로 예상된다.

암호화폐 시장이 극도의 탐욕 상태에 이르면, 알트코인이나 밈코인에 대한 단기 투기를 고려해 볼 수 있다. 과열된 시장에서는 이러한 코인들의 단기 가격 상승률이 비트코인보다 더 높다. 그러나 이는 투자가 아닌 투기이며, 충분히 리스크를 인지한 상태에서 소액으로만 도전해야 할 것이다.

용어설명

4

상승과 하락 중 어느 쪽이 강한지 알려주는 상대 강도 지수(RSI)

■ 상대 강도 지수(RSI: Relative Strength Index)

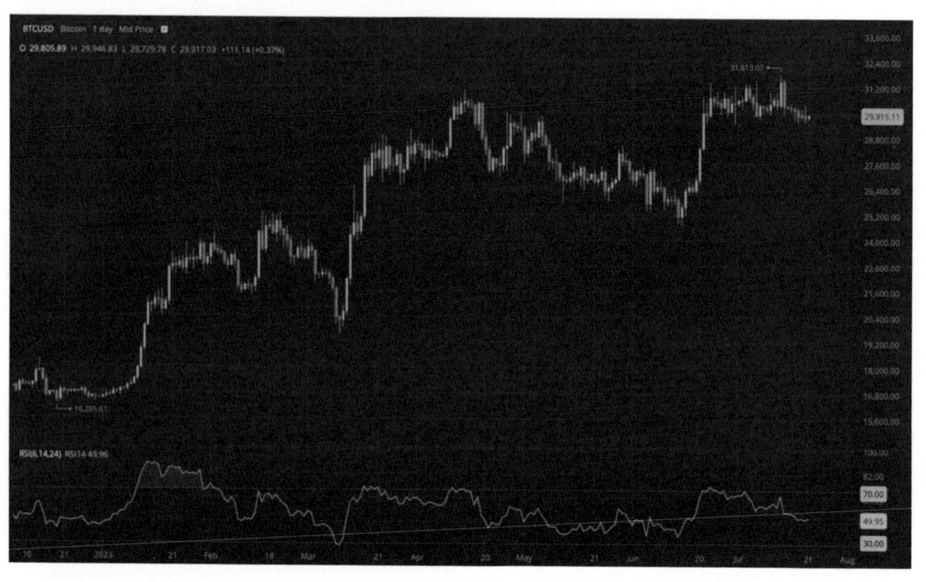

상단의 가격 차트 아래에 있는 푸른색 그래프가 RSI다.

출처: webull.

상대 강도 지수(이하 RSI)는 현재 가격의 상승 압력과 하락 압력 중 어느 쪽이 강한지를 나타내는 지표다. 일정 기간의 가격 변동을 평균 내어 상승분의 평균이 클 경우 과매수, 하락분의 평균이 클 경우 과매도로 판단한다.

RSI 계산법은 다음과 같다. 주어진 기간 동안 전일 대비 상승한 날의 상승분을 Uup, 하락한 날의 하락분을 Ddown로 정하고, 이들의 평균값을 각각 AUaverage ups와 ADaverage downs로 명명한다. AU와 AD의 비율을 RSrelative strength 값이라 하며, RS 값이 클수록 상승한 폭이 크다는 뜻이 된다.

RSI는 다음 공식에 따라 계산한다.

RSI = RS / (1 + RS) (일반적으로 백분율로 표시한다.)

쉽게 말하면 특정 기간 동안 오름폭이 더 크면 수치가 높아지고, 내림폭이 더 크면 수치가 낮아진다고 이해하면 된다. 복잡하게 직접 계산할 필요 없이 차트 프로그램에서 제공하는 보조지표를 그대로 사용하면 되니, 계산식은 참고사항 정도로만 알아두자.

표준 기간으로는 14일이 자주 사용되나, 9일, 15일, 25~28일 등도 사용된다. RSI는 0에서 100% 사이의 값으로 나타나며, 70% 이상은 과매수, 30% 이하는 과매도 구간으로 본다. RSI가 70%를 넘으면 매도하고, 30% 미만으로 떨어지면 매수하는 전략이 일반적이다. 그러나 추세가 한번 형성되면 상당 기간 지속되는 경우가 많아 과매수나 과매도 상태에서도 아래 차트처럼 추세가 계속 이어질 수 있다.

■ **과매수·과매도 상태에서 이어지는 장기 추세**

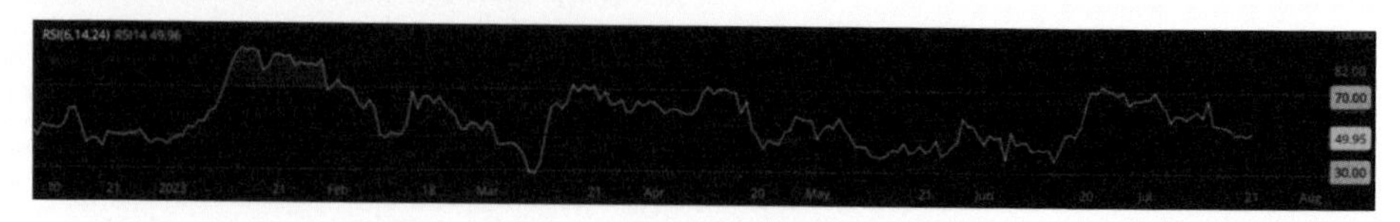

출처: webull.

RSI를 활용할 때는 단순히 과매수나 과매도 구간에 들어섰다고 바로 매매를 결정하기보다는, RSI가 70%를 넘은 후 다시 떨어지거나 30% 이하로 떨어진 후 다시 오를 때 매매를 고려하는 방식이 일반적이다. 그러나 모멘텀이 강할 때는 RSI가 중립으로 돌아간 후 다시 과매수나 과매도 구간으로 되돌아가는 경우가 많아 주의가 필요하다.

가격이 명확한 추세를 형성하고 있을 때 RSI와 같은 과매수 과매도 지표만으로 고점이나 저점을 예측하면 위험하다. 특히 RSI가 장기간에 걸쳐 과매수나 과매도 구간에 머무를 수 있다는 점을 인지해야 한다.

RSI는 가격 변동과 연계하여 사용할 때 더 유용하며, 가격은 상승하여 신고가를 경신하지만 RSI는 이를 따라가지 못하는 다이버전스 현상을 통해 추세의 약화를 감지할 수 있다. 이는 가격은 더 올라가고 있지만 매수 압력은 그만큼 강하지 않음을 나타낸다. 예를 들어, 가격이 급등할 때 RSI가 80을 넘는 강한 모멘텀을 보이다가 이후 가격이 더 상승했는데도 RSI는 70 정도로 떨어진다면 매수 압력이 약해졌음을 알 수 있다. 결과적으로 가격이 더 오르지 못할 가능성이 크다.

RSI를 활용할 때는 가격의 과매수나 과매도 상태를 파악하는 것이 중요하며, 모든 보조지표는 참고사항일 뿐 절대적인 지표가 아니라는 점, 가격에 후행하는 경향이 있어 시장 심리를 파악하는 데에는 유용하나 가격을 예측하는 용도로는 적합하지 않다는 점을 주의해야 한다. 보조지표는 본질적인 펀더멘털과는 관계없는 데이터이므로 시장의 흐름을 이해하는 도구로 활용해야 하며, 투자 결정 시 너무 의존하지 말아야 한다.

용어설명

5 투자자들의 심리를 나타내는 변동성 지수(VIX)

이번에 살펴볼 지표는 흔히 공포 지수라고 부르는 변동성 지수**VIX: Volatility Index**다. VIX는 S&P 500 지수의 옵션 가격을 기초로 하여, 향후 30일간의 콜옵션과 풋옵션 가중 가격 결합치로 산정한다.

■ **VIX 변동성 지수 vs. S&P 500 지수**

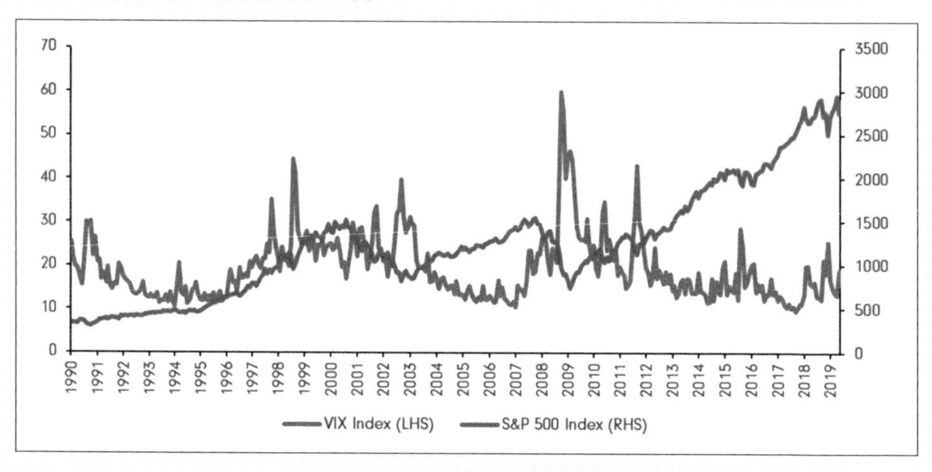

파란색 그래프는 VIX 변동성 지수, 주황색 그래프는 S&P 500 지수를 나타낸다.

출처: fidelity.co.kr.

VIX 변동성 지수는 간단히 말해, 향후 30일간 S&P 500 지수의 변동폭에 대한 투자자들의 기대치를 나타낸다. 대형 투자자들이 옵션거래를 주로 위험 회피(헤지) 수단으로 사용하기 때문에, 옵션에 지불하는 비용은 보험료로 볼 수 있다. 이 보험료가 상승한다는 것은 시장 리스크가 증가하고 있음을 의미한다. 실제로 VIX가 급등하는 상황에서 미국 증시가 하락하는 경향을 볼 수 있다. 따라서 VIX 상승은 시장의 리스크 증가, 즉 투심 악화로 해석할 수 있다.

그런데 변동성은 사실 가격이 아래로 내려가는 것뿐만 아니라, 위로 올라가는 것에도 해당한다. 그럼에도 불구하고 VIX가 공포 지수로 불리며, VIX 상승 시 가격 하락 가능성을 높게 보는 이유는 투자자 대부분이 매수 포지션을 더 많이 유지하기 때문이다.

■ **BVIX 지수 흐름**

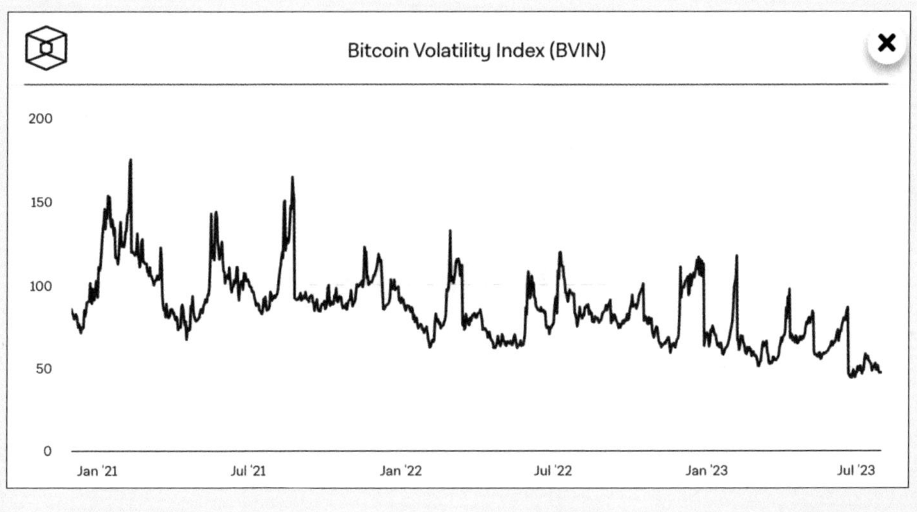

출처: theblock.co.

비트코인을 위한 변동성 지수인 BVIX(Bitcoin Volatility Index)도 있다. 이는 향후 30일간 비트코인 옵션 프리미엄을 계산해 결정한다. VIX와 마찬가지로 BVIX도 상승하면 시장의 공포가 커지고, 낮아지면 시장의 경계감이 줄어드는 것을 의미한다. 하지만 공포가 높아졌다고 해서 반드시 가격이 하락하거나, 공포가 낮아졌다고 해서 가격이 상승하는 것은 아니다. 가격이 오래 횡보하면서 투자자들이 지루함을 느끼면 BVIX가 낮은 수준을 기록하기도 한다.

BVIX가 낮은 상태로 계속 유지되는 경우는 없으며 어느 순간 상승하는데, 이는 큰 가격 움직임의 시작점이 될 수 있다. 어찌 보면 위기가 될 수도 있지만, 기회의 발생을 의미하기도 한다. 단기 트레이더가 아니라면 이런 지표를 세세하게 분석할 필요는 없다. 지표들은 시장의 흐름을 이해하고 현재 상황이 어느 단계에 있는지 분위기를 파악하는 정도로만 활용하자.

용어설명

6 이익과 손실의 정도를 말해주는 미실현 순이익/손실 비율(NUPL)

시장 참여자들이 현재 이익이나 손실을 어느 정도로 보고 있는지를 통해 비트코인 가격의 과매수나 과매도 상태를 알아볼 수 있는 지표인 미실현 순이익/손실 비율NUPL: Net Unrealized Profit/Loss을 살펴보자.

NUPL은 다음의 두 단계로 계산한다.

1) **미실현 순이익/손실 계산:** 현재 비트코인 시장 가격에서 실현 가격을 빼서 현재 시장 참여자들의 이익이나 손실 비율을 계산한다. 실현 가격은 비트코인이 마지막으로 거래된 평균 가격으로, 현재 발행된 코인 수로 나눈 값이다. 예를 들어, 현재 비트코인 가격이 2만 5,000달러이고 실현 가격이 2만 달러일 때, 미실현 순이익은 5,000달러가 된다. 반대로 비트코인 가격이 2만 달러이고 실현 가격이 2만 5,000달러일 때는 미실현 순손실이 5,000달러가 된다.

2) 미실현 순이익/손실 비율(NUPL) 계산: 첫 번째 단계에서 나온 미실현 순이익/손실을 현재 가격으로 나누어 NUPL을 구한다. 예를 들어, 현재 가격인 25,000달러에서 실현 가격인 2만 달러를 뺀 5,000달러를 현재 가격인 25,000달러로 나누어 NUPL을 계산한다. 이 경우 NUPL은 20%가 된다.

■ NUPL vs. 비트코인 가격

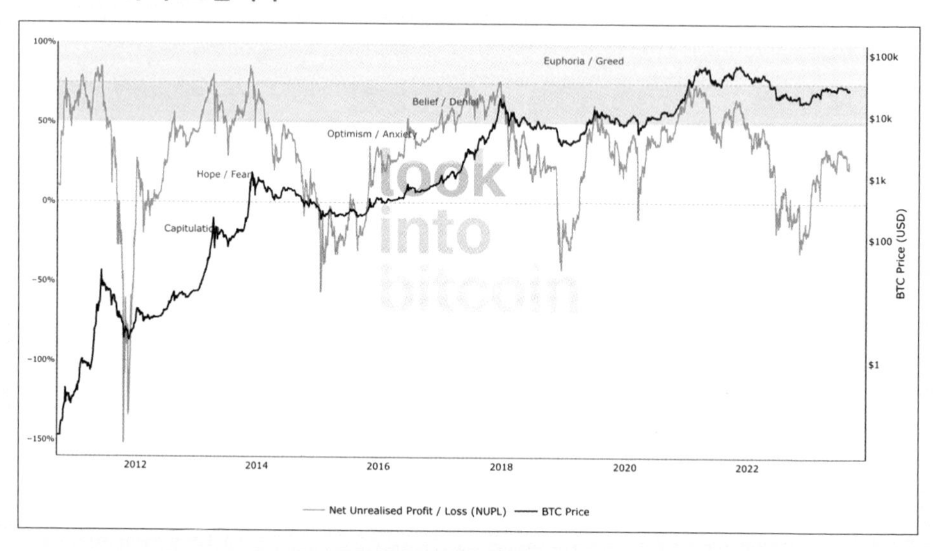

파란색 그래프는 NUPL, 검은색 그래프는 비트코인 가격을 나타낸다.

출처: lookintobitcoin.com.

NUPL의 비율에 따라 시장 상황의 과매수나 과매도 정도를 판단할 수 있으며, 다음과 같은 구간으로 나뉜다.

–100~0%: Capitulation(항복)

0~25%: Hope(희망) / Fear(공포)

25~50%: Optimism(낙관) / Anxiety(근심)

50~75%: Belief(확신) / Denial(부정)

75~100%: Euphoria(열광) / Greed(탐욕)

NUPL은 시장의 추세를 예측하는 도구로는 적합하지 않다. 시장이 흥분한 상태에서는 과매수 상태가 장기간 지속될 수 있고, 공포에 빠져 있을 때는 과매도 상태가 오래갈 수 있기 때문이다. 그러나 고점과 저점을 파악하는 데 참고할 만하다. 위 차트를 통해 확인할 수 있듯이, 비트코인 가격은 NUPL이 Euphoria 단계에 도달했을 때 고점이었던 사이클이 많았다. 각 사이클의 최고점에서 NUPL이 Euphoria 단계에 도달하면, 그때를 사이클 고점으로 강하게 의심할 수 있다. NUPL이 낮은 단계에서 지속되면 시장의 기회로, 높은 단계에서 지속되면 위기로 볼 수 있는데, 이러한 변동성을 시장의 흐름을 이해하고 현재 상황을 파악하는 데 사용하면 된다.

용어설명

7 시장 참여자의 수익 상태를 알려주는 보유 기간 대비 수익률(SOPR)

보유 기간 대비 수익률SOPR: Spent Output Profit Ratio은 보유 기간에 수익을 얼마나 냈는지를 나타내는 지표다.

현재 거래되는 모든 코인의 평균 매수 시점 가격이 1,000만 원이고 평균 매도 시점 가격이 2,000만 원이라면 SOPR은 2,000 ÷ 1,000 = 2가 된다.

■ SOPR

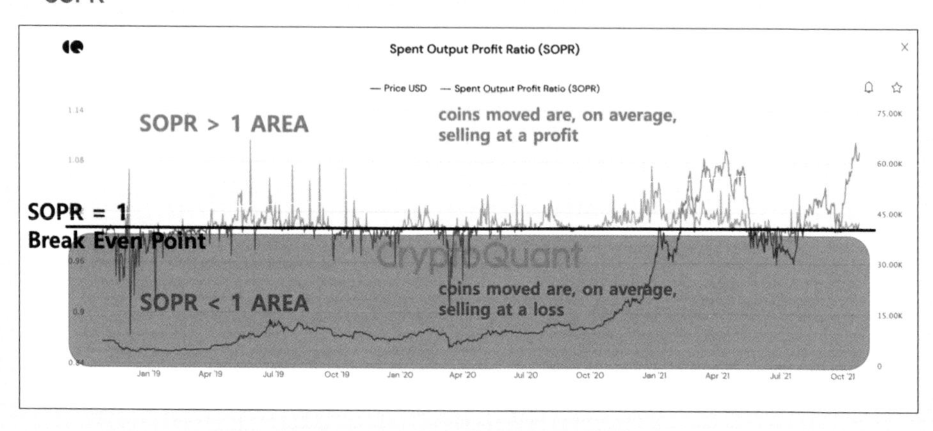

하단의 검은색 그래프는 달러 가격, 상단의 파란색 그래프는 SOPR을 나타낸다.

출처: cryptoquant.com.

따라서 SOPR이 1보다 크면 투자자들이 평균적으로 이익을 보면서 매도 중이고, SOPR이 1이면 평균적으로 평단가에서 매도 중이며, SOPR이 1보다 작으면 투자자들이 평균적으로 손해를 보면서 매도 중이라는 뜻이다. 정리하면 다음과 같다.

SOPR > 1: 이동된 코인들이 평균적으로 이익을 보며 팔리고 있음(판매 가격이 구매 가격보다 높음).

SOPR = 1: 코인들이 평균적으로 손익분기점에서 팔리고 있음.

SOPR < 1: 코인들이 평균적으로 손해를 보며 팔리고 있음(판매 가격이 구매 가격보다 낮음).

155일 이상의 장기 보유자만을 대상으로 한 장기 보유자 SOPR을 따로 나누어서 보는 경우가 많다. 왜냐하면 장기 보유자 SOPR이 사이클 전체 추세를 확인하기에 좋기 때문이다. 과거 사이클에서는 장기 보유자 SOPR이 10을 넘는 타이밍이 최고점이고, 0.6 이하로 떨어지는 타이밍이 바닥이었다. 따라서 장기 보유자 SOPR이 0.6 이하로 떨어질 때 적극적으로 매수하고, 10 이상으로 올라갈 때 적극적으로 매도하는 이른바 저가 매수, 고가 매도 전략도 생각해 볼 수 있다. 물론 매 사이클이 똑같이 반복되진 않겠지만, 이러한 과거 데이터를 사이클 진행도 추적에 활용한다면 조금 더 효율적으로 투자할 수 있을 것이다.

■ 장기 보유자 SOPR

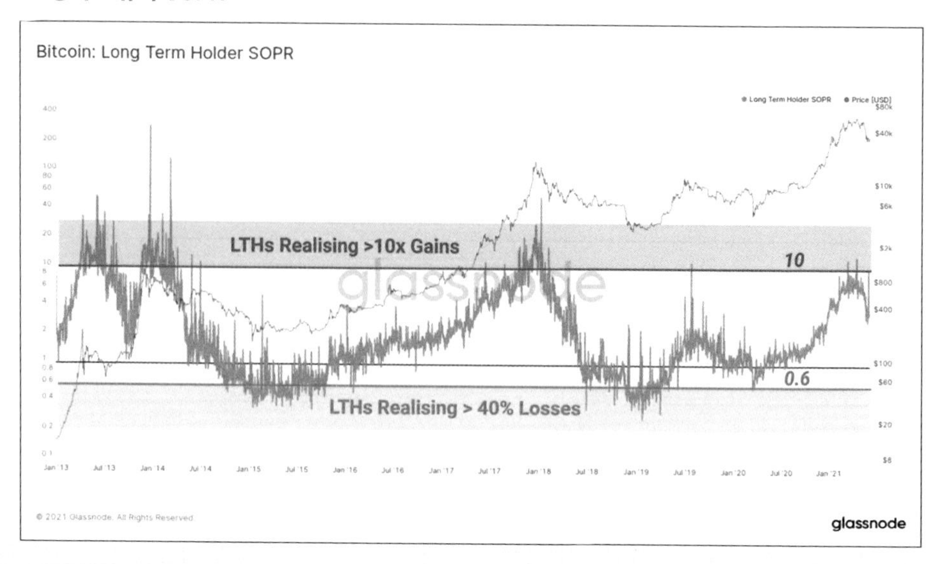

빨간색 영역에 가까우면 고점이고, 초록색 영역에 가까우면 저점이다.

출처: glassnode.com.

용어설명

8 주식의 PER과 같은 개념, 네트워크 가치 대 거래 비율(NVT)

■ 비트코인 가격 vs. 네트워크 가치 대 거래(NVT) 비율

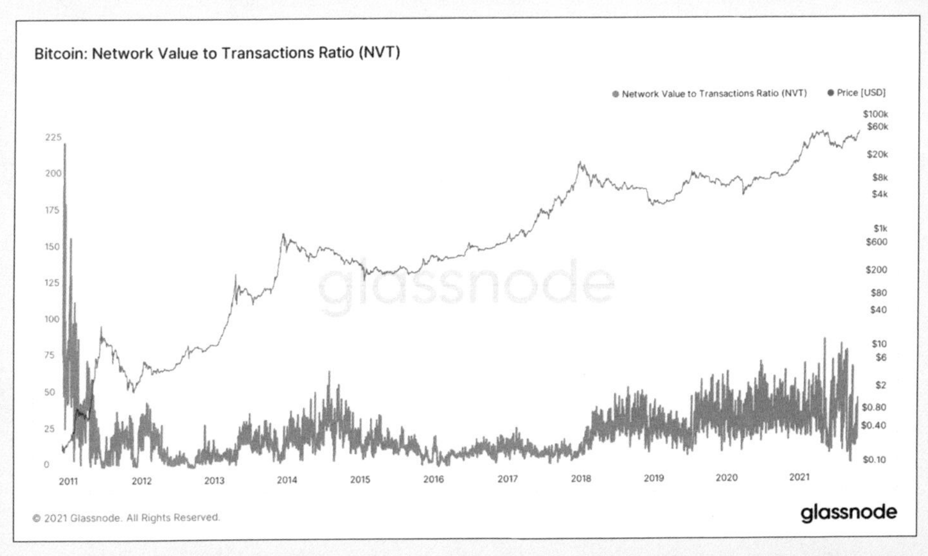

검은색 그래프는 비트코인 가격, 주황색 그래프는 네트워크 가치 대 거래(NVT) 비율을 나타낸다.

출처: glassnode.

네트워크 가치 대 거래**NVT: Network Value to Transaction** 비율은 암호화폐에서 주식의 PER과 같은 역할을 하는 지표로, 시가총액과 거래량 사이

의 관계를 설명한다. 비트코인을 화폐재로서 바라보며, 화폐 가치를 측정할 때 가장 중요한 두 가지 지표인 가치저장 수단으로서 시가 총액과 결제/지불 네트워크로서 거래량을 중심으로 비트코인의 가치를 측정한다.

가치저장 수단: 시가 총액(시장 가치)

결제/지불 네트워크: 거래량

여기서 결제/지불 네트워크는 비트코인의 화폐로서 기능(유틸리티)을 나타내며, 실질적인 펀더멘털의 기준이 된다. 주식의 펀더멘털 기준인 EPS와 비슷한 역할을 한다.

NVT 비율이 높거나 상승추세인 것은 투자자들이 비트코인에 프리미엄을 주고 있음을 나타낸다. 가격이 화폐로서 쓰임새를 앞지르고 있는 것이다. 역사적으로 고NVT는 시장 정점에 가까웠다. 반면, NVT 비율이 낮거나 하향 추세인 것은 투자자들이 비트코인을 할인된 가격으로 평가하고 있음을 나타낸다. 이는 가격이 화폐로서 실질적인 사용 가치보다 낮음을 의미하며, 역사적으로 이러한 기간은 투자자들에게 축적의 시간이자 할인 구매의 기회였다.

고NVT = 고평가

저NVT = 저평가

▪ NVT 측정법

NVT는 시가 총액(USD 기준)을 일일 거래량(USD 기준)으로 나누어 계산한다.

$$\text{NVT Ratio} = \frac{\text{Market Cap [USD]}}{\text{Transaction Volume [USD]}}$$

NVT의 핵심은 가치저장 수단으로서 비트코인과 결제 용도(유틸리티)로서 비트코인, 이렇게 두 가지 화폐재로서 핵심 요소를 비교하는 지표라는 점이다. 또한 다른 지표들과 마찬가지로 단기적인 변동이 심할 수 있기 때문에 이동평균을 적용하여 큰 추세를 확인할 때 유용한 지표로, 단기 트레이딩용의 지표는 아니다.

또한, 화폐로서 사용 용도보다 가치저장 수단으로서 비트코인의 역할이 점점 중요해지면서, 점진적으로 NVT 값의 평균이 높아지는 경향이 있다는 것을 인식하는 것이 중요하다. 이는 비트코인이 점점 더 디지털 골드, 즉 통화보다는 가치저장 수단으로서 역할을 강화하고 있음을 나타낸다.

상승하는 NVT 평균값:

가치저장 수단으로서 역할이 확장됨

지불을 위한 통화로서 역할은 축소됨

■ 비트코인 가격 vs. 네트워크 가치 대 거래(NVT) 비율(30일 이동평균)

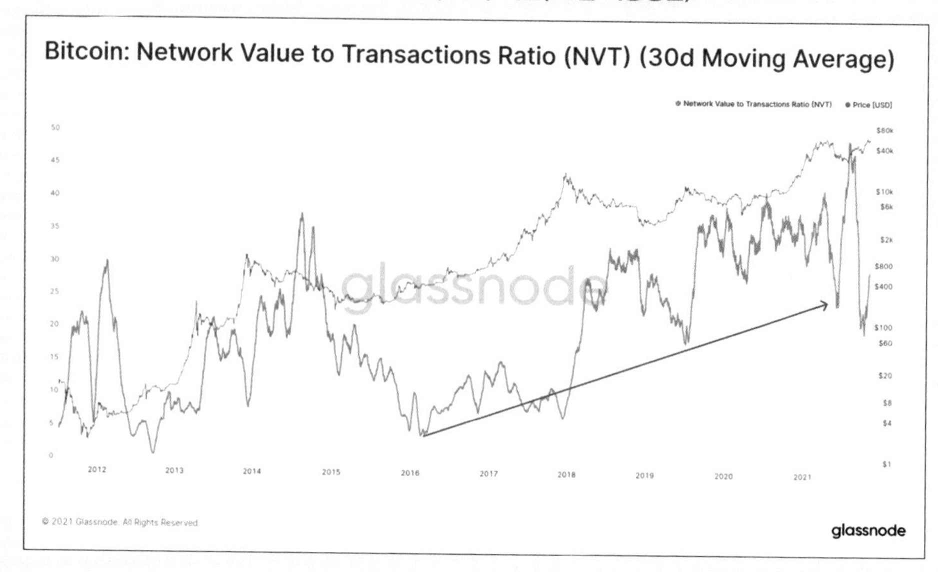

검은색 그래프는 비트코인 가격, 주황색 그래프는 네트워크 가치 대 거래(NVT) 비율(30일 이동평균)을 나타낸다.

출처: glassnode.com.

NVT가 제공하는 신호는 비교적 단순하며, 이는 NVT를 암호화폐 시장에서 중요한 지표 중 하나로 만들어준다. NVT 값은 매일 변화하지만, 이를 통해 시장의 고평가 구간과 저평가 구간을 구분할 수 있다. 고NVT와 상승추세는 약세, 즉 고평가 진입의 신호로 해석할 수 있으며, 가격이 네트워크 가치를 초과할 때 발생한다. 반면 저NVT와 하락추세는 강세, 즉 펀더멘털 개선의 신호로 해석되며, 이는 네트워크 가치가 가격을 초과하며 유틸리티가 가치 상승을 이끌 때 발생한다.

그러나 NVT는 가격을 추적하기보다는 후행하는 경향이 있으므로,

매수나 매도 결정을 위한 단기적 지표로 사용하기보다는 비트코인의 가치가 장기적으로 어떻게 변화하는지 이해하는 데 사용하는 것이 더 적합하다. 이는 투자자들이 시장의 광범위한 건전성과 추세를 평가하는 데 유용한 도구가 될 수 있다.

비트코인 슈퍼 사이클

1판 1쇄 발행 2024년 1월 25일
1판 7쇄 발행 2025년 1월 7일

지은이 신민철
펴낸곳 거인의 정원
발행인 이웅구
출판등록 제2023-000080호(2023년 3월 3일)
주소 서울특별시 강남구 영동대로602, 6층 P257호